Martin Luther

Woran also du dein Herz hängst

topos taschenbücher, Band 1086
Eine Produktion des Matthias Grünewald Verlags

Martin Luther

Woran also du dein Herz hängst

Seine Predigten zur Fastenzeit, zu Ostern und Pfingsten

Ausgewählt, übersetzt und eingeleitet von Peter Manns

topos taschenbücher

Verlagsgemeinschaft topos plus
Butzon & Bercker, Kevelaer
Don Bosco, München
Echter, Würzburg
Matthias Grünewald Verlag, Ostfildern
Paulusverlag, Freiburg (Schweiz)
Verlag Friedrich Pustet, Regensburg
Tyrolia, Innsbruck

Eine Initiative der
Verlagsgruppe engagement

www.topos-taschenbuecher.de

Bibliografische Information der Deutschen Nationalbibliothek
Die Deutsche Nationalbibliothek verzeichnet diese Publikation in der Deutschen Nationalbibliografie; detaillierte bibliografische Daten sind im Internet über http://dnb.d-nb.de abrufbar.

ISBN 978-3-8367-1086-2
Ebook (PDF): 978-3-8367-5071-4
ePub: 978-3-8367-6071-3

Einband- und Reihengestaltung: Finken & Bumiller, Stuttgart
Herstellung: Friedrich Pustet, Regensburg
Printed in Germany

Inhalt

Einleitung

Hinweis des Verlags: Die Einführung des Kirchenhistorikers Peter Manns (1923–1991), dessen zahlreiche Veröffentlichungen zu Luther zur interkonfessionellen Verständigung über die Bedeutung des Reformators beitrugen, stammt aus dem Jahre 1983. Aus Anlass des 500. Geburtstags Martin Luthers hat Manns aus einem großen Predigtschatz die beiden Taschenbuchausgaben „Predigten Martin Luthers durch das Kirchenjahr. Fastenzeit, Ostern und Pfingsten" sowie „Advent und Weihnachten" zusammengestellt und mit einer ausführlichen Einleitung versehen.
Für die beiden Neuausgaben (2016 und 2017) wurde der Text des Herausgebers weitgehend unverändert übernommen und nur an wenigen Stellen bearbeitet bzw. leicht gekürzt.

Es entspricht durchaus der Eigenart von Luthers Theologie, dass ich hier nicht auf Texte aus seinen großen Vorlesungen, Disputationen und Traktaten zurückgreife, sondern dass ich den Prediger Luther mit einer Auswahl von Predigten zu den verschiedenen Festkreisen des Kirchenjahres zu Wort kommen lasse. Denn Luthers Einsatz als „geschworener Doktor der Theologie" war nicht auf ein akademisches Vorhaben, nicht auf Katheder und Hörsaal fixiert, sondern er zielte unmittelbar darauf ab, die „pura doctrina" im Sinne der „viua vox Euangelii" zu Gehör zu bringen.

Es bedürfte einer eingehenden wissenschaftlichen Erörterung, um den damit angesprochenen Fragenkomplex erschöpfend zu behandeln. Hier muss ich mich darauf beschränken, die wichtigsten Hinweise wenigstens anzudeuten.

Gegen die Schultheologie seiner Zeit

Luthers entschiedener Einsatz für die Verkündigung und die Predigt wendet sich in erster Linie gegen die Schultheologie seiner Zeit, die in ihrer Vorliebe für abartige Subtilitäten und im permanenten Streit der verschiedenen Schulen untereinander den Sinn und die Befähigung zur Predigt so gut wie ganz eingebüßt hatte. In jenen Schulen, in denen die Spezialisten mit der Schrift umgingen „wie die Saw mit dem Habersack" und in denen man mit Gott umging „wie der Schuster mit seinem Leder", hatte Luther Christus verloren. Durch das „Wort" aber hatte er ihn wiedergefunden und wiederentdeckt für eine Theologie, die fortan als „dienende Theologie" die Predigt als ihre eigentliche und krönende Aufgabe betrachtete. Von daher ist es kein Wunder, dass Luther durch seine Predigten eine weit größere Wirksamkeit erlangte als durch seine theologischen Schriften. So wichtig die großen Vorlesungen und Streitschriften für Luther und die fortschreitende Klärung seiner Position auch waren, in ihrer Wirkung auf die Öffentlichkeit gehen sie – ausgenommen die Ablass-Thesen – kaum über den Hörsaal und das unmittelbar betroffene akademische Milieu hinaus. Ein gutes Beispiel dafür liefert uns Luthers hochbedeutsame Vorlesung über den Römerbrief. Sie ist schon im 16. Jahrhundert so gut wie ganz aus dem Bewusstsein der Zeitgenossen gelöscht, bevor sie dann für Jahrhunderte in die Archive verschwindet. Erst im 19. Jahrhundert entdeckt man sie wieder in der Vitrine eines deutschen Museums, nachdem ein katholischer Luther-Gegner in der Vatikan-Bibliothek eine Kopie ausgegraben hatte. Den Predigten Luthers kommt aber auch im Blick auf unsere moderne Situation eine merkwürdig zwiespältige Bedeutung zu. Denn mag auch die Herrschaft der Scholastik im Bereich der Theologie grundlegend und vermutlich für immer gebrochen sein, so hat sich doch über alle konfessionellen Grenzen hinweg ein neuer Typ von Schultheologie entwickelt, deren Verhältnis zur Predigt nicht weniger gestört ist als das der Scholastik des 16. Jahrhunderts. Ähnlich wie damals empfindet man es auch heute als unwissenschaftlich, wenn Professoren predigen, wo sie lehren sollten. Ähnlich wie damals lernen die jungen Theologen bis in unsere Zeit hinein das Predigen eher nebenher. Denn die Theologie, die sie lernen, drängt selbst da nicht zur Predigt, wo sie, wie die moderne Exegese, den Zugang zur Schrift in maximaler Weise zu erschließen versucht.

Von daher kommt der Versuch, Luther ausgerechnet durch seine Predigten zu Wort kommen zu lassen, förmlich einer Zerreißprobe gleich. Wenn es Luther gelingt, sich als Evangelist und Prediger in der weithin gewandelten Gegenwart Gehör zu verschaffen und das Herz der Christen zu treffen – und ich bin sicher, dass er diese Probe besteht –, dann hat er seine unverwüstliche Lebendigkeit wirklich und definitiv unter Beweis gestellt. Für uns moderne Theologen ist es dabei aufreizend festzustellen, dass Luthers Predigten selbst da unmittelbar ansprechen und durchschlagen, wo sie – wie in der kauzigen Palmsonntags-Predigt über die beiden Palmesel – auf einer wissenschaftlich untragbaren Exegese beruhen. Es gehört dabei zum Charme der geistlichen Lebendigkeit Luthers, dass er die fehlende Gelehrsamkeit nie durch das dubiose Schmalz falscher Erbaulichkeit ersetzt und dass seine Auslegung des Wortes selbst da nicht ihre theologische Präzision verliert, wo er der traditionellen Allegorese und Topologie – trotz formaler

Proteste gegen die Auslegung nach dem vierfachen Schriftsinn – treu bleibt.

Predigt von Kreuz und Auferstehung

Angesichts der hohen Bedeutung, die Luther der Verkündigung beimisst, sind seine Predigten auch deshalb von großer Bedeutung, weil er durch sie in pastoraler Verantwortung seine theologischen Grundanliegen viel deutlicher zur Aussage bringt, als dies in der theologischen Kontroverse geschieht. Die im theologischen Streit auf die gegnerische Position fixierten und komprimierten Spitzensätze erfahren daher in der Predigt eine wohltuende Entkrampfung und Auslegung im Sinne der eigentlichen Intention Luthers.

In der vorliegenden kleinen Auswahl gibt es einige Texte, die diese Funktion erfüllen. Aufmerksamkeit verdient unter diesem Gesichtspunkt vor allem Luthers Sermon „von der doppelten Gerechtigkeit". Denn in dieser Predigt stellt Luther das Anliegen seiner Rechtfertigungslehre so dar, dass das durch gelegentliche Spitzensätze gestützte Verständnis einer rein forensischen *Gerechterklärung* deutlich zugunsten der eigentlich gemeinten realen *Gerechtmachung* korrigiert wird, sofern die im Glauben empfangene „erste und fremde Gerechtigkeit Christi" darauf angelegt ist, dass wir sie in der Lebensgemeinschaft mit Christus als unsere „eigene Gerechtigkeit" ergreifen.

Für das schwierige Motiv der Alleinwirksamkeit Gottes erweist die schon einmal erwähnte Predigt über die beiden Palmesel einen ähnlichen Dienst. Denn Luther vermeidet hier den problematischen Vergleich mit dem Reittier, das entweder von

Gott oder vom Teufel geritten wird, aus der Schrift „Vom geknechteten Willen". In der Predigt heißt es hingegen: Nicht der Teufel kommt zu uns, um uns zu reiten, sondern wir gehen zu ihm. Wirklich zu uns kommt indes der Herr. Wir gleichen dabei dem ungerittenen Eselsfüllen: Wir verfügen über keinen Vorzug, der erklären würde, dass der Herr uns reiten möchte; wie der wilde Jungesel wollen wir eigentlich auch nicht geritten werden; wenn wir aber dann den Herrn auf unserem Rücken spüren, werden wir plötzlich ganz zahm, ganz willig und fröhlich; und selbst der störrische Altesel spürt das Wunder und trabt munter hinter dem Füllen her. So viel macht Luther mit ein paar Bildern, wenn er den Christen erklären will, was sie zu Christen macht. Wer die wenigen Predigten über Christi Kreuz und Tod richtig liest und meditiert, macht im Übrigen noch eine andere theologisch hochbedeutsame Entdeckung. Denn nach dem Befund in den theologischen Schriften ist es für Luther zweifellos typisch, dass er dem katholischen Ansatz einer „Theologia *gloriae*" ganz entschieden den Ansatz seiner „Theologia *crucis*" entgegenstellt. Fragt man nun im Lichte der Predigten nach der Bedeutung dieses scheinbar radikalen Gegensatzes, so entdeckt man plötzlich nicht ohne Überraschung, dass Luther trotz der einseitig wirkenden Betonung von Kreuz und Tod die Auferstehung und das neue Leben keinen Moment aus dem Auge verliert. In den späten Predigten zum Sonntag Cantate 1544/45 gewinnt das Motiv von der Auferstehung Christi und allgemein der Auferstehung von den Toten sogar eindeutig die Oberhand, ohne dass Luther deswegen in eine vordergründige und primitive „Theologia gloriae" abgleitet.

Theologe und Prediger

Luther hat nicht nur leidenschaftlich gern gepredigt, sondern er war stolz darauf, über das Lehramt hinaus zugleich zum Predigtamt berufen und bestellt worden zu sein. Unmittelbar nach seinem Doktorat und im Zusammenhang seiner Berufung auf den Lehrstuhl für biblische Theologie an der neu gegründeten Universität wurde Luther zum Prediger im Kloster und an der Wittenberger Stadtpfarrkirche bestellt. Beide Ämter hat er wahrgenommen, solange er konnte, das heißt, solange es in Wittenberg ein Kloster der Augustiner-Eremiten gab, bzw. solange er lebte. Im Kloster predigte er für die Mönche meist in lateinischer Sprache oder später nach Auflösung der monastischen Gemeinschaft in Gestalt der Hauspredigt für die Familie seiner Freunde und Schüler, wobei er in der Form der Reihenpredigt und nach dem Prinzip der „lectio currens" ganze Bücher des Alten Testaments, einzelne Evangelien und verschiedene Briefe des Neuen Testaments behandelte. In der Stadtpfarrkirche hingegen predigte er in deutscher Sprache für die Gemeinde nach der für die Liturgie geltenden Leseordnung der römischen Kirche, die Luther denn auch über den Bruch hinaus beibehielt – eine Gemeinsamkeit, die grundsätzlich bis zur Liturgie-Reform des Vaticanum II bestand. Hinzu kommen zahlreiche Predigten, die Luther hielt, wenn er dienstlich auf Reisen war oder wenn er in Vertretung der Wittenberger Kirche an reichskirchlichen Veranstaltungen teilnahm. Es ist auffallend und aufschlussreich, dass Luther wie in Koburg 1530 oder wenige Jahre später in Schmalkaden den Freunden die kirchenpolitischen und theologischen Verhandlungen überlässt, um selbst vornehmlich als Prediger aufzutreten.

Wieder begegnen wir also der für Luther so typischen Verbindung von theologischer Lehre und Predigt. Das Phänomen ist längst nicht erklärt, wenn man darauf verweist, dass schließlich sogar Johannes Eck, der große Gegner Luthers, in Ingolstadt Professor und Stadtpfarrer zugleich war. Auch der geschichtliche Hinweis, dass die Predigt im 16. Jahrhundert mehr und mehr an Bedeutung gewann, was für die städtischen Kirchen zur Vermehrung eigener Predigerpfründen führte, signalisiert allenfalls den Aufbruch eines neuen Bewusstseins und neuer Erwartungen, die vor allem die Reformation erfüllen wird. Neben das Heer von Mess-Pfaffen und Altaristen, das sich eher schlecht als recht und erschreckend oft ohne jede Würde vom Schacher mit der Opfer-Messe zu ernähren versucht, tritt der Prediger als neuer Typ geistlichen Dienstes. Im Unterschied zum geistlichen Proletariat der Mess-Pfaffen sind die Prediger meist studierte Leute, die dem Wort der Predigt bald mehr Bedeutung beimessen als der schlichten Verwaltung der Sakramente. So kommt es zu Polarisierungen, wobei das „Wort" gegen das „Sakrament", aber auch das Amt des „ordinierten Priesters" gegen die Beauftragung des Laienpredigers oder „Prädikanten" in verschiedenster Weise ausgespielt wird. Diese falsche Polarisierung hat sich zum Teil bis auf den heutigen Tag und bis in das theologische Urteil hinein behauptet, wie sich an der klassisch gewordenen Unterscheidung zwischen der „Kirche des Wortes" und der „Kirche des Sakramentes" zeigen ließe.

Für Luthers Verständnis der Predigt und des Predigtamtes führen diese Hinweise nicht sehr weit, oder sie führen in die falsche Richtung einer angeblich reformatorischen Konzeption der Predigt, die sich bei Luther nicht nachweisen lässt.

Gewiss kommt es bei Luther im oben angedeuteten Sinn zu einer spürbaren Aufwertung der Predigt gegenüber der akademischen Theologie. Dasselbe gilt für die Aufwertung des Wortes gegenüber der Feier der Sakramente im Bereich des Gottesdienstes. Aber bei Luther kommt es nicht zu den aufgezeigten und im Grunde bis heute typischen Polarisierungen:

Die Aufwertung der Predigt führt bei Luther nicht zu einer Abwertung der Theologie, wie man sie beim mittleren Karlstadt oder bei zahlreichen „Schwerinern" beobachten kann. Aber auch die liturgische Aufwertung des Wortes gegenüber dem Sakrament führt bei Luther keineswegs zu einer grundsätzlichen Abwertung des Sakramentalen. Es ist richtig, dass er in Wittenberg nur Prediger an der Stadtpfarrkirche wird – das Amt des Pfarrers übernimmt sein Freund Bugenhagen – und dass er nicht selten die Beschränkung auf das Predigtamt mit der Berufung auf das Beispiel des Apostels rechtfertigte. Aber diese Schwerpunktbildung impliziert bei Luther nicht im Geringsten eine Abwertung der Sakramente und die Vernachlässigung der Sakramentsverwaltung. Obgleich Luther nur das Predigtamt verwaltet, feiert er selbstverständlich mit der Gemeinde das Abendmahl, verwaltet er das „Amt der Schüssel" in der allgemeinen Absolution wie in der Beichte und spendet auch die Taufe, sofern dies nicht von den Diakonen übernommen wird. Mehr noch, der Prediger Luther trägt keine Bedenken, in der Zeit nach 1530, als der Strom bereits ordinierter Priester und Mönche zur Reformation plötzlich versiegte, ein eigenes Ordinationsformular zu schaffen und namens der Kirche geeignete Kandidaten zum kirchlichen Amt zu ordinieren – und zwar zu einem Amt, das gleichgewichtig und aus der inneren Verbindung von Wort und Sakrament den Dienst und die Ermächtigung zu beidem umfasst.

Obgleich Luther die Verpflichtung zu Verkündigung und zum Glaubenszeugnis im Sinne des „allgemeinen Priestertums“ allen Gläubigen auferlegt, kommt es im Bannkreis Luthers grundsätzlich nicht zu der erwähnten Polarisierung zwischen ordinierten Amtsträgern und charismatisch sich legitimierenden Laienpredigern. Ein gutes Beispiel für die Wittenberger Lösung ist Philipp Melanchthon. Er war nicht nur Professor, sondern er rangierte auch als Kirchenmann, Visitator und Repräsentant der Wittenberger Kirche gleich nach Luther. Andererseits blieb jedoch Magister Philippus Laie, der, wenn er gelegentlich predigte, dies vornehmlich im Hörsaal, nicht aber im Gemeindegottesdienst und auf der Kanzel tat. Sicher ist jedenfalls, dass Melanchthon in Wittenberg niemals die Eucharistie gefeiert oder ordiniert hat, wenngleich er nicht wenige Ordinationszeugnisse ausgestellt hat. Auch das Gemälde, das ihn bei der Taufe eines Kindes am Taufbrunnen darstellt, ist eher eine Illustration des nach reformatorischer Auffassung den Laien zustehenden Rechtes zur Nottaufe als ein Beweis für die reguläre Sakramentsverwaltung durch Laienchristen.

Es ist daher kein Wunder, wenn der alte Luther in einer durch die Kanonisten ausgelösten Krise der Gemeinde unter Berufung auf die aus dem Predigtamt resultierende Verpflichtung seine Autorität als „Bischof“ der Kirche von Wittenberg geltend macht und voll zum Einsatz bringt. So ist also die Frage, wie Luther sein Predigtamt verstanden hat, von hoher theologischer Bedeutung. Denn bei der Predigt geht es für ihn nicht nur um die Verkündigung und deren Einbettung in die Theologie, sondern es geht zugleich um das geistliche Amt als Träger der Verkündigung und damit zugleich um die Struktur der Kirche, die ohne dieses Amt aufhörte, „Creatura Verbi“ zu sein.

Aus dem Reichtum der gesprochenen Sprache

Aus der Wahrnehmung der Pflichten des Predigtamtes durch Luther ist uns ein ganzes Gebirge von Predigten erhalten. Luther hat an Sonn- und Festtagen – das „Triduum sacrum“ der Karwoche und die Oktavtage von Weihnachten, Ostern und Pfingsten eingeschlossen – regelmäßig zweimal und während der Woche gewöhnlich dreimal gepredigt. So hat er zum Beispiel im Jahre 1529 in Wittenberg vom Palmsonntag bis zum Ostermittwoch 18 Predigten, an Pfingsten acht und an Weihnachten fünf Predigten gehalten. Nehmen wir hinzu, dass wir über die Predigttätigkeit von 1510–1521 nur rein zufällig orientiert sind und dass wir nach der Schätzung von Fachleuten von einem Drittel der Predigten nur wissen, dass sie gehalten wurden, dann ist die Zahl von mehr als 2000 in Nachschrift oder Bearbeitung erhaltenen Predigten ein wahrhaft beeindruckendes Zeugnis.

Im Einzelnen wäre noch viel über die Druck- und Wirkungsgeschichte der Luther-Predigten, vor allem über die sogenannte „Kirchenpostille“ zu sagen, mit der Luther und seine Bearbeiter (*St. Roth – C. Cruciger – V. Dietrich – Rörer-Poach*) den Pfarrern und den interessierten Christen eine riesige Sammlung von Musterpredigten über Epistel und Evangelium der Sonn- und Festtage des Kirchenjahres als Predigthilfe zur Verfügung stellten. Statt subtiler und differenzierter Angaben beschränke ich mich auch hier auf wenige Anmerkungen zur Auswahl und zur Übersetzung der in dieser Sammlung präsentierten Texte. Wie der Titel besagt, enthält das vorliegende Taschenbuch Predigten zu den Sonn- und Festtagen des weit gefassten österlichen Festkreises mit der vorbereitenden Fasten- und Passionszeit sowie den Hochfesten Ostern, Himmelfahrt und Pfingsten. Ein zweiter Band enthält die Predigten des Winterteils, das heißt der Advents- und Weihnachtszeit [Topos 1085].

Trotz des geringen Umfangs eines Taschenbuchs war ich bemüht, Predigten der verschiedensten Art und aus allen Perioden in die Sammlung einzubringen.

Die Tatsache, dass ich für dieses Bändchen aus Hunderten von Predigten nur dreizehn auswählen konnte, macht schlagartig das Problem der zu treffenden Auswahl deutlich. Der Leser/die Leserin möge sich also vor Augen halten, dass Luther uns neben den hier gedruckten Texten zahlreiche Predigten bietet, die unter den Kriterien der Auswahl gleichwertig oder besser gewesen wären. Ich kann also nicht behaupten, dass die vorgelegte Auswahl die „besten Predigten" enthält. Trotz meiner Liebe zu Luther will ich im Übrigen nicht verschweigen, dass es selbstverständlich bei der Masse von Predigten auch solche gibt, die mehr oder minder unter dem Niveau der hier präsentierten Texte liegen. Für die Prediger/innen unter den Leserinnen und Lesern des Taschenbuches könnte es eine wirksame Hilfe und ein echter Trost sein, dass es nicht primär die unvermeidlichen Wiederholungen thematischer Art sind, die diese Qualitätsminderung bewirken. Luther beherrscht vielmehr souverän die Kunst, auf die schlichteste Weise das Alte mit Neuem zu verbinden oder es aus dem unermesslichen

Schatz des Wortes und auf dem Hintergrund der permanent. sich wandelnden Situation als neu zu verkünden. Die Qualitätsminderung tritt bezeichnenderweise erst da ein, wo sich der Polemiker Luther verführen lässt, seine Gegner von der Kanzel aus zu beschimpfen und sie mit ganzen Tiraden klappernder Schlagworte einzudecken und zum Schweigen zu bringen.

Unter dem Gesichtspunkt der Zeit enthält die Sammlung *eine* typische Predigt der Frühzeit, *zehn* Predigten aus der für Luthers theologische Entwicklung entscheidenden Epoche von 1518–1521; der reife Luther ist leider nur durch eine Predigt von 1530 vertreten; vom alten Luther stammen zwei Predigten, die immerhin anzudeuten vermögen, dass die Macht der Predigt bei der „Wittenberger Nachtigall“ mit fortschreitendem Alter nicht ab-, sondern zunimmt. Unter sachlichem Gesichtspunkt sind sodann die verschiedenen Arten der Lutherpredigten in der Sammlung vertreten:

Die früheste Predigt „vom Fundament der Theologie“ in lateinischer Sprache ist als „Abecedarium“ eine typische Betrachtung, wie Luther sie als Subprior, Spiritual und Ordensoberer für seine Mitmönche vortrug. Eine andere Serie gehört zum Typ der „Sermone“, die – ursprünglich aus echten Predigten entstanden – für den Druck überarbeitet und erweitert in Gestalt der Predigt eigentlich mehr der Lehre und der Unterweisung dienen, wie der Sermon „von der doppelten Gerechtigkeit“, „von der Beicht“, „von der Eucharistie“ und „vom Leiden Christi“.

Die restlichen Predigten sind echte liturgische Gemeindepredigten. Die sprachliche Gestalt der Textfassung verdient schließlich in doppelter Hinsicht unsere Beachtung: Sie hilft uns einmal bei der Suche nach der ursprünglichsten Gestalt der wirklich gepredigten Lutherpredigten; sie bestimmt im Übrigen die Art der Überarbeitung, die notwendig ist, um dem modernen Leser, der weder die lateinische Sprache noch das imponierende Luther-Deutsch beherrscht, die authentischen Texte möglichst originalentsprechend zu vergegenwärtigen.

Unter dem ersten Gesichtspunkt liegt auf der Hand, dass die von Luther für den Druck überarbeiteten Texte zwar in höchstem Maß authentisch sind, dass sie aber als gedruckte Predigten nicht ohne Weiteres den originalen Predigten entsprechen. Wie bei vielen sprachlich genial begabten Menschen besteht offenbar auch bei Luther – ohne dass dieses Problem jemals eingehend untersucht worden wäre – eine erhebliche Stilverschiedenheit zwischen der geschriebenen und der gesprochenen Sprache. Der originalen Predigt am nächsten kommen daher die uns erhaltenen Nachschriften, unter denen sich die von Rörer besorgten Nachschriften durch die größte Treue, leider aber auch durch die größte Länge auszeichnen.

Unter dem Gesichtspunkt der Überarbeitung stellen uns daher die in Latein gehaltenen oder für den Druck vorbereiteten Sermone oder Lehrpredigten vor die geringsten Schwierigkeiten.

Die lateinischen Predigten habe ich möglichst ohne Kunstgriffe in ein modernes Deutsch übersetzt. Dabei wird deutlich, dass Luthers höchst lebendiges Latein die meist schmerzliche Prozedur einer Übersetzung bestens übersteht. Die deutsche Wiedergabe – man vergleiche die erste Predigt „vom Fundament der Theologie" – strahlt und überzeugt nicht weniger als das lateinische Original. Übersetzer wissen nur allzu gut, dass dieses Ergebnis keineswegs primär von der Sprache als solcher, sondern vornehmlich von der Denkart und mehr noch von der

Sache abhängt, die Sprache zum Ausdruck bringt. Für Luther war zeitlebens die „res" wichtiger als die „grammatica". Es ging ihm um den „Kern der Nuss", nicht um die zu zertrümmernde „Hülle". Sosehr Luther über die ihm eigene „Verbositas" wortreicher Darlegungen und das zum Spiel mit dem Wort drängende Pathos paradoxaler Denkansätze klagt, die unvermeidlichen Wiederholungen werden bei ihm eigentlich nie zur Phrase, zum leeren Wort-Geklingel oder zur beeindruckenden Zur-Schau-Stellung lediglich imponierender Worthülsen, die besonders in der modernen Theologie so beliebt sind, obgleich sie letztlich nur die Verständigung erschweren. Wer einmal J. B. Bossuet aus dem Französischen ins Deutsche oder deutsche Startheologen ins Französische übersetzt hat, weiß, worauf ich damit anspiele. Als etwas schwieriger erweist sich dann schon die Bearbeitung oder Übersetzung der in dem eindrucksvollen Luther-Deutsch gedruckten oder gehaltenen Predigten. Hier habe ich ein Verfahren gewählt, das zwischen zwei Fehlformen nach einem gangbaren Mittelweg sucht, über dessen Gültigkeit freilich die Luther-Philologen erst werden entscheiden müssen. Als Fehlform erscheint mir die heute oft angewandte, Luthers Gedanken jedoch stark verfremdende radikale Übersetzung in ein modernes Schriftdeutsch. Als Fehlform erscheint mir aber auch der Versuch, das Luther-Deutsch im Sinne der modernen Sprache zu korrigieren, um es dann mit der Patina altertümlicher Wendungen künstlich auf Original zu trimmen. Beide Verfahren führen zwangsläufig dazu, dass ein so oder anders frisierter Luther die ihm eigene Überzeugungskraft ganz oder teilweise einbüßt. Ich habe daher eine Bearbeitung gewählt, die nur da in Satzbau und Wortwahl eingreift, wo dies für die Verständlichkeit unerlässlich erscheint. Die Kritik wird zeigen, ob die dabei unvermeidlichen Freiheiten die Toleranzgrenze nicht überschreiten, was auch für die gelegentlich sinnvoll erscheinenden Kürzungen gilt.

Die größten Schwierigkeiten bereiten merkwürdigerweise für die Bearbeitung die erwähnten Nachschriften, die dem Original am nächsten kommen. Die typische deutsch-lateinische Mischsprache geht dabei nur zum Teil auf Luther selbst zurück. Zu einem anderen Teil ist das lateinische Element Produkt und Behelf des Nachschreibers, der einzelne Gedankengänge leichter in lateinischen Wendungen und bereits eingeführten Kurzformeln resümieren konnte. Untersucht man die Texte im Einzelnen, so ergibt sich, dass sowohl die Brocken des mittelalterlichen Schul- oder Vulgata-Lateins als auch die deutschen Passagen ergeblich leichter zu verstehen sind als reine lateinische oder lutherdeutsche Texte. Entsprechende Versuche zeigen außerdem, dass die Übersetzung der lateinischen Passagen eigentlich eine Überarbeitung der lutherdeutschen Partien notwendig macht und dass vor allem der eine wie der andere Eingriff das Original zerstört. Da sich aber das Taschenbuch auch an Prediger/innen und Theolog/innen wendet und eine Reihe von Leserinnen und Lesern aus ihrer Schulzeit Kentnisse der lateinischen Sprache haben und sicher das geringe Bibel- und Küchenlatein des Nachschreibers im Wesentlichen verstehen werden, erschien es mir vertretbar und zumutbar, wenigstens zwei der erfrischend lebendigen Predigtnachschriften im Anhang des Büchleins zum Abdruck zu bringen. Der interessierte Leser, der über keine Lateinkenntnisse verfügt, wird durch die Hilfe einer knappen Inhaltsangabe und durch die deutschen Partien den Text wenigstens einigermaßen verstehen. Er wird vor allem erfahren, dass sich jede Bemühung um diese Texte gewaltig lohnt, weil uns just in diesen Predigten – weit mehr als in den anderen – Luther als Prediger zum Erlebnis werden kann.

Damit ist im Grunde alles gesagt, was ein Herausgeber zur Einführung in die ausgewählten Predigttexte eines anderen Autors sagen kann und sagen sollte. Der Rest liegt an Luther und an der Gewalt des Wortes, das ihn zum Prediger und Zeugen des Evangeliums machte. Beide, der Prediger und das durch ihn verkündete Wort, bedürfen der Kunst des Bauchredners nicht, solange der „Deus loquens nobiscum" hinter ihnen steht. So ist es denn an Luther, uns über Jahrhunderte hinweg zu verkünden, was das Wort uns über Kreuz und Tod, über Auferstehung und Himmelfahrt, über die Geistsendung an Pfingsten und das neue, ewige Leben zu sagen hat. Wer im Glauben hinhört, wird ohne weitere Kommentare verstehen, warum Martin Luther auch für katholische Christen im Sinne des Apostels zum „Vater im Glauben" (1 Kor 4,15) werden kann.

In dankbarem Gedenken an den Mann, den Gott trotz allem vor 500 Jahren seiner ganzen Kirche als Zeugen des Wortes schenkte.

Peter Manns

Vom Fundament aller Theologie

Fastenpredigt – *Sermone aus den Jahren 1514–1520*

Das ABC der Theologie möchte ich hier darstellen und für die Uneingeweihten ein Fundament legen, damit sie verstehen, was ich möchte, und damit ich nicht einem Tauben Märchen erzähle, wenn ich über die Gnade und die Willensfreiheit, über unsere Werke und unsere Nichtigkeit handele.

Zunächst möchte ich zeigen, wieso wir aus unseren Kräften niemals etwas bewirken können – und zwar von der Entstehung der Welt an –, damit ihr erkennt, wie eitel und schwach die Anfälligkeit der Natur sei. Zwar hat Gott den Menschen in Rechtheit erschaffen und ihn dem Rat seiner Hände überlassen, damit er auf immer mit Gott verbleibe. Und wenn er es im ursprünglichen Stand ausgehalten hätte, wäre er Herr über alle Dinge gewesen, ohne unter Kälte oder Hitze zu leiden. Aber der Dämon, der dies nicht leiden wollte, ärgerte sich und geriet darüber selbst in Verwirrung. Er wollte den Menschen in seine Hand bekommen, weshalb er ihn mit allem Betrug umgarnte, auf dass er Zwiespalt zwischen dem Menschen und Gott stifte. Also hat Adam schließlich vom Apfel gekostet. Dabei hat es aber nicht am Apfel gelegen, hätte er nicht den Willen Gottes überschritten. Er sollte den Willen Gottes nicht übertreten haben. So kommt es im Gebot nicht auf die Worte, sondern auf den Willen Gottes an. Schuldig geworden, wendet sich also Adam von Gott ab und verlässt ihn, gibt ihm Urlaub und kehrt ihm den Rücken. Schon durch sich selbst gefallen, war er nicht mehr in der Lage aufzustehen. Denn wie Paulus sagt (1 Tim 2,5), bedarf es zwischen Gott und Mensch des Mittlers. Feindschaften waren entstanden, auch der in der Natur belassene Wille konnte nichts finden, sondern es ist immer mehr eingerissen, und wird je länger je ärger. Von Tag zu Tag mehrten sich die Laster, insbesondere im Bereich des sexuellen Verhaltens – und zwar so sehr, dass sich ein Weib bald nicht mehr mit einem Mann zufrieden gab, und umgekehrt der Mann sich längst nicht mehr mit einem Weib begnügte. Die Gier wuchs derart an, dass die schandbare Beziehung bald auch auf die Tiere ausgedehnt wurde. Darüber hinaus blieben auch Mutter und Schwester diesbezüglich nicht ohne Vorwurf. Und all dies ist vor der Sintflut geschehen. Damals kam es dazu, dass Gott einmal die Welt wieder sauber machen wollte, indem er alles Fleisch vernichtete. Auch war es dahin gekommen, dass einer den anderen schlachtete und fraß ihn, und so war zu jener Zeit kein Lebewesen grausamer als der Mensch. Später kam auch noch jene Blindheit hinzu, die dazu führte, dass niemand darin auch nur die geringste Sünde erblickte. Zur Gewohnheit geworden, wird dieses Verhalten dann zum schlechtesten aller Laster: Man lässt es einfach hingehen, man schreibt darüber wie selbstverständlich in Büchern und Broschüren, man singt es auf Bühnen und in Schlagern. Immer wieder ist es so geschehen. Gott hat dann öfter versucht, die Welt wieder sauber zu machen – wie in Sodoma und Gomorrha, oder auch in Rom und anderswo. Schon werden so auch die Menschen hingeschlachtet. Wenn man mit der Kugel einer Bombarde gleich zweihundert Menschen hinmachen kann, ist das dann kein Abschlachten? Aber das Volk besingt solche Metzeleien, als ob es Ruhmestaten wären. Tränen sollten sie darüber vergießen. Folgerichtig ergibt sich daraus, dass die Welt das Reich des Teufels sei, wie Christus (Joh 16,11) es denn auch deutlich sagt: „Der Fürst dieser Welt, das ist der Satan!" Wann immer der Mensch tut, was er in sich ist, dann sündigt er. Gott hätte die Möglichkeit gehabt, uns zu helfen. Aber er wollte nicht, auf dass wir endlich einräumten, dass wir nichts Gutes zuwege bringen, so korrigiert er uns, wenn er uns versucht. Denn wir alle sind so lange fromm, solange die Plage andauert. Sobald die Plage von uns genommen wird, verschwindet auch die Religion.

Auf mannigfaltige Weise hat er den Menschen zu bessern versucht. Zuerst hat er Gesetze erlassen: „Du sollst nicht töten", „Du sollst nicht Unzucht treiben", und wenn dann schon jemand mit der Hand keinen totschlug, dann war das eine große Sache … Jenes armselige Weiblein im Evangelium (Mk 5,25f) ist die menschliche Natur: Je mehr sie durch Ärzte und Kurpfuscher geheilt wird, umso größer wird ihre hinfällige Schwachheit – es wird nur ärger, sie gibt all ihren Besitz für die Ärzte aus und wird trotzdem nicht geheilt. Es ist kein hulff noch radt da. So ist es in den großen, gut eingerichteten Städten, mit schonen lehren und gesetzen ausgestattet; bevor sie gebaut waren, waren sie hässlicher (als andere), wie sich an Rom zeigen ließe. Also ist es auch mit uns, wir machen das Übel noch ärger.

Hier muss gelernt werden, wie wir uns verhalten sollten? Erklären sie doch: Wie sollen wir uns verhalten, wenn uns die Vernunft und der Wille nichts hilft und wenn unsere Werke nichts sind? Es ist nichts gutts da. Dort müssen wir wohl gänzlich verzweifeln, wenn nämlich Gesetz und alle Vernunft nicht hinführt, wohin wir wollen: also ist Gott unser Gegenspieler, und wir können nichts Gutes bewirken und nicht zu Gott gelangen. (Dann aber geschieht das Ungeheure:) Denn es fährt unßer frommer Gott zu, unser trost, und ist mitten unter die gefallen, die süchtig und gottlos sind. Unsere Gestalt und all unseren Schmerz nimmt er auf sich und lässt sich zerkratzen und zerreißen, verliert Leib, Gestalt und Leben. Und all das warum? „Ach du armer Mensch, ich weiß, dass du nicht leiden kannst, glaube also an mich, häng dich an mich und du wirst es überstehen! Schau doch, ich kümmere mich nicht um Reichtümer, um Freuden und Ehren. Schau auf das Kreuz: Meiner Ehre hat man mich beraubt, die Zierde meiner Gewänder hat man mir entrissen, meine Füße und Hände hat man durchbohrt. Schau an meine Geduld und hab mich nur ein bisschen lieb, denn ich mag dich von Herzen. Dann geh mit mir, alles der Welt überlassend, hang fest an mir!"

Dies aber führt uns dann wirklich zu Gott.

Hier werden dann alle Doktrinen, so gut sie sonst sein mögen, hinfällig und werden unterdrückt.

Denn so erklärt Christus (Joh 10,9): „Ich bin die Tür: Wer durch mich eingetreten sein wird, der wird auch Weide finden." Ebenso: „Ich bin der Weg, die Wahrheit und das Leben" (Joh 14,6). Oder: „Und niemand kommt zu mir, wenn der Vater ihn nicht zieht" (Joh 6,44). Das Ziehen aber geschieht per verbi praedicationem. Und das gehet also zu: Das Herz soll hangen in Christo – verzweifeln aber wollen wir an dem Unsrigen, um uns allein zu trösten an dem, der Genugtuung geleistet hat für unsere Sünden. Denn sein Leiden und seine Strafe, sein vergossenes Blut und sein Tod, die gelten mir. Er ist sonst ein Herr des Himmels, wenngleich er seine Ehre nur trägt, damit wir alles, was uns gehört, meiden. Er hat seinen Willen gegeben, wir wollen ihm unseren Willen zurückgeben. So muss es sein. „Ja wo findt man den Meister?“ Christus ist der Meister, der selbst das Leben hat und es verliert; er gibt das Leben vor dem Tod, er zerstört aber auch das Ansehen und die Gerechtigkeit und also viel schöner Werke, auf dass in ihm der Schatz aller Tugenden sei. Alles hat er verlassen, damit er den Vater liebe. Ihm wurde befohlen, sich zerschlagen zu lassen wie ein Verbrecher … Alles hat er verloren, auch die Mutter, er klebt und hängt gar bloß in des Vaters Willen. Er ist es, der uns den Willen des Vaters wiederum zurückgebracht hat; er ist es, der allein diesen Willen befolgt hat. Nun hat er's aber für sich nicht getan, sondern für uns. Daraus ergibt sich: weil ich in Christo hänge, sind sein Gehorsam, sein Leiden und seine Gerechtigkeit meine Werke durch den Glauben. Und eine solche Gnade ist mir geschenkt, dass durch den Glauben alle Aktionen Christi mir zu eigen gegeben sind. Das müsst ihr behalten, weil ich immer wieder sagen werde, dass unser Wille dem Teufel versklavt ist und unsere Werke nichts sind, solange unser Wille sich selbst überlassen ist. Hängt er aber im Glauben, und ist er in dem Kampf, den Christus befiehlt, so darf man ihm nicht sagen: „Faste, bete, wache und tu, was immer dir zu tun obliegt!“ Denn „dem Gerechten ist kein Gesetz mehr auferlegt“ (Röm 1,17). Wohl aber gilt: „Der Gerechte lebt aus dem Glauben!“ … (Damit ist jedoch das „geistliche Recht“ nicht einverstanden, indem es uns gegen unseren Protest wieder unter den Zwang der Gesetzlichkeit zurückzuführen versucht.) Er selbst hingegen duldet dies nicht, weil alles, was mir gehört, nun auch sein Eigentum geworden ist. So mag also der Christ, der durch den Glauben Christo anhängt, was immer er fürderhin tut, sprechen: „O Christus, deine Kreatur und dein Diener bin ich. Wozu immer du mich bestimmst, dazu bin ich bereit. Willst du, dass ich ein Schuster oder Schneider sei, dann will ich es tun." Das ist dann ein christliches Leben. Dass man viel stiftet in der Kirchen, ist zwar gewiss gut. Aber wie kämen wir zu der Annahme, dass wir allein durch Gebet Gott dienen? Alle meine Werke sind vielmehr Dienst an Gott. Es ist zwar wahr, es soll in den Kirchen fein zugehen – und darin verstehet mich wirklich recht! –, aber wir müssen dann immer noch nicht in dieser Weise teilen. So nämlich hat Paulus gelehrt (Gal 3,28): Wer an Christus glaubt, der ist weder Grieche noch Lateiner, weder Mann noch Frau, weder jener noch dieser. Das aber heißt: Du darfst dich nichts ausmalen, es soll ungenannt sein, es soll wankeln: Wie du berufen bist, so handle.

Aber darum verwerfe ich trotzdem nicht, was das Kanonische Recht geordnet hat, etwa dass die kanonischen Horen (= der Chordienst) verrichtet werden und die Klöster geordnet leben. Aber es soll nicht daraus geschlossen werden, dass dies allein „Gottes-Dienst" sei. Sondern jedes Werk eines Christen-Menschen soll ein Dienst Gottes sein. Damit also die menschliche Natur befreit werde von ihren Lastern, wenn sie Christi Leiden betrachtet – und dass sie anfängt ihn zu lieben, indem sie einfach sagt, sobald sie den Stachel des Fleisches und seiner Versuchungen spürt: Ei, wie kann ich nur frei werden von der „Sex-Welle", die alle erfasst. Ach mein Gott, hilf mir! Auch wenn man seine Geduld betrachtet, ist es unmöglich, sofern denn der Mensch sich als Knecht dieses Herrn bekennt, dass er ihn nicht als süß, sanftmütig und gütig erfahre. Denn dies fließt aus dem Inneren und bleibt ewig, wenn es eine Quelle im Kreuz hat. All das hat Christus gelehrt in seinem Leben und durch seinen Tod.

WA 4, 650–653

Von der doppelten Gerechtigkeit

Über Philipper 2,5ff – *1518*

Die Gerechtigkeit der Christen ist eine doppelte, wie auch die Sünde der Menschen eine doppelte ist.

Die *erste* Gerechtigkeit ist eine fremde und von außen eingegossene. Diese Gerechtigkeit ist es, durch die Christus selbst gerecht und rechtfertigend ist durch den Glauben, wie es im 1. Brief an die Korinther (1 Kor 1,30) heißt: „Der uns von Gott gemacht ist zur Weisheit und Gerechtigkeit, zur Heiligung und Erlösung." So erklärt denn auch der Herr selbst im Johannes-Evangelium: „Ich bin die Auferstehung und das Leben: wer an mich glaubt, wird in Ewigkeit nicht sterben" (Joh 11,25). Und erneut (Joh 14,6): „Ich bin der Weg, die Wahrheit und das Leben." Diese Gerechtigkeit also wird den Menschen gegeben in der Taufe und in jedem Augenblick wirklicher Buße, und zwar so, dass der Mensch sich mit Vertrauen in Christus rühmen und dass er sagen könne: „Mein ist es, dass Christus gelebt hat – was er getan, gesagt und erlitten hat, und dass er gestorben ist; nicht anders, wie wenn ich sein Leben selbst gelebt, wie wenn ich selbst gehandelt, geredet, und gelitten hätte oder gestorben wäre." Ganz wie der Bräutigam alles besitzt, was der Braut gehört, und wie umgekehrt der Braut das gesamte Eigentum des Bräutigams gehört (alles ist nämlich beiden gemeinsam, weil sie ein Fleisch sind), so sind auch Christus und die Kirche ein Geist. So hat nach dem seligen Petrus (2 Petr 1,4) der hochgelobte Gott und Vater aller Erbarmung uns in Christus die größten und kostbarsten Gaben geschenkt, oder wie Paulus im 2. Brief an die Korinther sagt: „Gebenedeit sei der Gott und Vater unseres Herrn Jesus Christus, der Vater allen Erbarmens und der Gott allen Trostes, der uns in Christus mit allem geistlichen Segen des Himmels gesegnet hat" (2 Kor 1,3).

Diese Gnade und dieser unaussprechbare Segen wurde einst Abraham (Gen 12,3) verheißen, als ihm gesagt wurde: „In deinem Samen (d.h. in Christus) sollen gesegnet sein alle Völker der Erde." Und bei Jesaja (Jes 9,6): „Ein Kind ist uns geboren, ein Sohn ist uns geschenkt." „Uns", sagt der Prophet, denn unser ist er ganz und gar mit all seinen Gütern, wenn wir an ihn glauben. Ebenso heißt es im Brief an die Römer: „Seinen eigenen Sohn hat er nicht verschont, sondern ihn für uns alle dahingegeben. Wie aber hätte er mit ihm uns nicht alles geschenkt?" (Röm 8,32).

Alles also, was Christus besitzt, gehört uns. Umsonst wurde es uns Unwürdigen aus reiner Barmherzigkeit geschenkt, obgleich wir viel mehr Zorn und Verdammnis, ja selbst die Hölle verdient hätten. Darum ist es Christus selbst, der von sich sagt, dass er gekommen sei, um den Willen seines Vaters zu tun, ihm gehorsam gemacht worden. Und was immer er in diesem Sinn getan hat, er hat es für uns getan, und er hat gewollt, dass es uns gehöre, indem er erklärt: „Ich bin in eurer Mitte wie einer, der dient" (Lk 22,27). Oder an anderer Stelle: „Das ist mein Leib, der für euch hingegeben wird" (Lk 22,19). In diesem Sinn sagt auch Jesaja (43,24): „Er hat mich zum Knecht deiner Sünden gemacht und mir die Last deiner Bosheiten aufgeladen."

Durch den Glauben an Christus also wird die Gerechtigkeit Christi unsere Gerechtigkeit und alles, was sein ist, ja er selbst wird unser. Der Apostel nennt sie darum im Römerbrief Gerechtigkeit Gottes (Röm 1,17): „Die Gerechtigkeit Gottes wird geoffenbart im Evangelium, wie geschrieben steht: Der Gerechte lebt aus dem Glauben." Schließlich wird solcher Glaube selbst Gerechtigkeit Gottes genannt, wie Paulus Röm 3,28 erklärt: „Wir sind der Überzeugung, der Mensch werde durch Glauben gerechtfertigt." Dies ist die unendliche und alle Sünden sofort verschlingende Gerechtigkeit. Denn es ist unmöglich, dass die Sünde in Christus Bestand hat. Und jeder, der an Christus glaubt, der hängt an Christus und ist eins mit Christus, ein und dieselbe Gerechtigkeit mit ihm besitzend. Es ist darum unmöglich, dass die Sünde in ihm bleibt. Und diese Gerechtigkeit ist die erste und als solche Fundament, Ursache und Ursprung jeder eigenen oder wirklichen (actualis) Gerechtigkeit. Denn sie wird uns wahrhaft gegeben für die in Adam verlorene ursprüngliche Gerechtigkeit und sie bewirkt dasselbe, ja sie bewirkt Größeres, als jene ursprüngliche Gerechtigkeit bewirkt haben würde.

So wird jenes Psalmwort (Ps 31,2) richtig verstanden, das sagt: „Auf dich, Herr, habe ich gehofft, drum werde ich in Ewigkeit nicht zu Schanden: in deiner Gerechtigkeit befreie mich." Nicht „in meiner", sondern „in deiner", sagt der Psalmist, d.h. in der Gerechtigkeit Christi meines Gottes, die durch den Glauben, durch die Gnade und durch die Barmherzigkeit Gottes zu der unseren gemacht ist, was im Psalter an vielen Stellen zum Ausdruck kommt, wo vom Werk des Herrn und vom Bekenntnis, von Gottes Macht sowie von seiner Barmherzigkeit, Wahrheit und Gerechtigkeit die Rede ist. All diese Wendungen sind nichts anderes als Namen für den Glauben an Christus, oder mehr noch Namen für die Gerechtigkeit, die uns in Christus geschenkt ist. Von daher wagt der Apostel im Brief an die Galater (Gal 2,20) den Satz: „Nicht mehr ich lebe, sondern Christus lebt in mir", oder im Brief an die Epheser (Eph 3,17): „Möge es euch gegeben sein, dass Christus durch den Glauben in euren Herzen wohnt." So viel also über die fremde, ohne unser Zutun allein durch die Gnade uns eingegossene Gerechtigkeit, durch die uns der Vater zu Christus zieht. Als fremde Gerechtigkeit steht sie der Erbsünde gegenüber, die ganz ähnlich als fremde Sünde zu bezeichnen ist, sofern sie ohne unser Zutun allein durch die Zeugung uns angeboren und übertragen (cognatum et contractum) wurde. Und so treibt Christus Adam von Tag zu Tag mehr und mehr aus, in dem Maß nämlich, in dem jener Glaube und jene Erkenntnis Christi in uns wächst. Denn der Glaube wird nicht auf einmal ganz und gar eingegossen, sondern er fängt an, er macht Fortschritte und gelangt erst am Ende durch den Tod hindurch zur Vollendung.

Die *zweite* Gerechtigkeit hingegen ist die unsere und darum eigene (propria), nicht weil wir sie allein bewirken würden, sondern weil wir mitwirken mit jener *ersten* und *fremden* Gerechtigkeit. Dies aber ist nun jener gute Wandel in guten Werken, zuerst in der Abtötung des Fleisches und in der Kreuzigung aller Begierden gerichtet gegen sich selbst, wie es im Galaterbrief (Gal 5,24) heißt: „Alle aber, die zu Christus gehören, haben ihr Fleisch mit allen Lastern und Begierden gekreuzigt." Dies geschieht in zweiter Linie in der Liebe gegenüber dem Nächsten, sowie drittens in Demut und Furcht gegenüber Gott, wovon der Apostel und jede Seite der Schrift voll ist. In Kürze aber ist all dies zusammengefasst im Titusbrief (Tit 2,12): „In Nüchternheit (im Blick auf uns selbst in der Kreuzigung des Fleisches), in Gerechtigkeit (im Blick auf den Nächsten) und in Frömmigkeit (im Blick auf Gott) lasst uns in dieser Zeit leben."

Diese Gerechtigkeit ist dabei das Werk der ersten Gerechtigkeit, deren Frucht und Folge, wie es im Galaterbrief (Gal 5,22) heißt: „Die Früchte des Geistes aber sind (d.h. des geistlichen Menschen, der durch den Glauben an Christus entsteht) Liebe, Freude, Friede, Geduld, Güte usw." Als Geist wird in jener Stelle der geistliche Mensch bezeichnet, was auf der Hand liegt, sofern die erwähnten Früchte Werke der Menschen sind. Entsprechend heißt es im Johannes-Evangelium (Joh 3,6): „Was aus dem Fleisch geboren ist, das ist Fleisch; was aber aus dem Geist geboren ist, das ist Geist." Diese Gerechtigkeit vollendet die erste, weil sie stets bemüht ist, dass Adam umgebracht und der Leib der Sünde zerstört wird. Deshalb hasst sie sich selbst und liebt den Nächsten, deshalb sucht sie nicht das ihre, sondern denkt an den anderen. Und darin besteht ihr ganzes Verhalten. Darin nämlich, dass sie sich selbst hasst und nicht das ihre sucht, bewirkt sie für sich selbst die Kreuzigung des Fleisches. Sofern sie aber sucht, was den anderen gehört, wirkt sie die Liebe und erfüllt durch beides den Willen Gottes, indem sie nüchtern für sich selbst, gerecht für den Nächsten und fromm gegenüber Gott lebt.

Darin aber ahmt sie denn auch das Beispiel Christi nach und wird gleichförmig seinem Bilde (1 Petr 2,21). Denn eben dies verlangt Christus von uns: Wie er selbst alles für uns getan hat, indem er nicht das seine, sondern ausschließlich das unsere suchte, und wie er selbst darin Gott dem Vater gegenüber in maximaler Weise gehorsam wurde, so ist es sein Wille, dass auch wir den Nächsten gegenüber dasselbe Beispiel geben.

Diese Gerechtigkeit steht dabei im Gegensatz zu unserer aktuellen und eigenen Sünde, wie es im Römerbrief (Röm 6,19) heißt: „Wie ihr eure Glieder dargeboten habt, um der Bosheit auf weitere Bosheit hin zu dienen, so stellt eure Glieder jetzt der Gerechtigkeit zur Heiligung zur Verfügung." So also erklingt durch die erste Gerechtigkeit die Stimme des Bräutigams, der zur Seele sagt: „Dein bin ich." Durch die zweite Gerechtigkeit aber ertönt die Stimme der Braut, die antwortend sagt: „Dein bin ich." Und so ist denn der eheliche Bund fest, vollkommen und vollzogen, wie es im Hohenlied (Hld 2,16) heißt: „Mein Geliebter gehört mir und ich ihm", was besagt: „Mein Geliebter ist mein und ich bin sein." Dann aber strebt die Seele nicht mehr danach, für sich selbst gerecht zu sein, sondern sie hat Christus zu ihrer Gerechtigkeit. Von daher erstrebt sie allein noch das Heil der anderen. Von daher droht der Herr durch den Propheten (Jer 7,34) der Synagoge, dass er von ihr nehmen werde die Stimme der Freude, die Stimme des Bräutigams und der Braut.

Das aber ist denn auch der Inhalt des für diese Predigt vorgeschlagenen Themas: „Seid gesinnt wie Christus Jesus" (Phil 2,5ff). So sollt ihr im Verhältnis zueinander eingestellt und angetan sein, wie ihr seht, dass Christus euch gegenüber eingestellt war. So nämlich, dass er, obgleich in der Gestalt Gottes verweilend, es nicht als Raub betrachtete, Gott gleich zu sein, sich selbst erniedrigte und die Gestalt des Knechtes annahm. Die „Gestalt Gottes" meint hier nicht die Natur Gottes, weil Christus sich derselben nie entäußert hat, wie denn auch die „Knechtsgestalt" hier nicht einfach als die menschliche Substanz bezeichnet werden kann. Es ist vielmehr so, dass die „Gottes-Gestalt" hier die Weisheit, Macht, Gerechtigkeit und Güte oder auch die Freiheit ist, und zwar in dem Sinn, dass Christus auch als Mensch frei, mächtig, weise und niemandem – weder dem Laster noch der Sünde – unterworfen war, wie es sonst alle Menschen sind (erscheint er doch in Gestalten, die vor allem Gott selbst entsprechen), und dass er doch auch in dieser Gestalt nicht dem Stolz verfallen ist oder der Selbst-Gefälligkeit, und dass er die anderen weder gelangweilt übersah noch verachtete, weil sie Knechte und verschiedenem Übel unterworfen waren, ganz wie der Pharisäer, der (Lk 18,11) im Tempel erklärt: „Ich danke dir, dass ich nicht bin wie die übrigen Menschen." Dieser Pharisäer erfreute sich also daran, dass die anderen so erbärmliche Menschen waren, und er wollte entschieden nicht, dass die anderen ihm gleich seien. Das also ist jener „Raub", durch den der Mensch sich anmaßt und vorbehält, was er besitzt, ohne es rein auf Gott zu beziehen (dem doch alles gehört) und ohne damit den anderen zu dienen, um sich ihnen gleich zu machen. So wollen denn die pharisäischen Menschen sein wie Gott: Sie wollen sich selbst genügen, sich selbst gefallen, sich selbst rühmen und niemand etwas schuldig sein. Christus hingegen war nicht dieser Auffassung und hat nicht so gedacht (sapuit), sondern er hat jene Gestalt Gott dem Vater anheimgegeben und sich entäußert – entschlossen, jene Titel nicht gegen uns zu gebrauchen oder sich durch sie von uns zu unterscheiden. Er ist umgekehrt viel mehr für uns wie einer aus unserer Mitte geworden und hat „Knechts-Gestalt" angenommen (d. h. er hat sich allen Übeln unterworfen), und er hat sich – wie auch der Apostel (1 Kor 9,19) erklärt –, obgleich er doch frei war, zum Knecht aller gemacht, indem er sich nicht anders verhielt, als ob all unsere Übel die seinen wären. Deshalb hat er alle unsere Sünden und Strafen auf sich genommen, und deswegen hat er alles drangesetzt, um sie gleichsam für sich selbst zu besiegen, obgleich er sie doch nur für uns zu besiegen hatte. So geschah es, dass er, der im Vergleich mit uns gut unser Gott und Herr hätte sein können, dies nicht wollte, sondern dass er sich umgekehrt entschloss, unser Knecht zu werden, wie es im Römerbrief (Röm 15,1.3) heißt: Wir dürfen uns nicht selbst gefallen, wie denn auch Christus sich nicht selbst gefiel ...

So folgt, dass jenes Schriftwort (Phil 2,5ff), das viele als affirmative Aussage begreifen, negativ verstanden werden muss, d.h. dass Christus nicht der Auffassung war, Gott gleich zu sein, das ist, er wollte ihm nicht gleich sein, wie es durch die geschieht, die es durch den Stolz an sich reißen, indem sie nach St. Bernhard erklären: „Wenn du mir deine Ehre nicht geben wirst, dann werde ich sie mir eben selbst zulegen." Das Schriftwort darf jedoch nicht als affirmative Aussage so verstanden werden, als besage sie: Er entschied sich nicht dafür, Gott gleich zu sein, d. h. weil er Gott gleich war, hielt er dies nicht für eine Anmaßung. Denn dieses Verständnis passt nicht zu einer Aussage, die von Christus als Menschen spricht. Der Apostel will also, dass die einzelnen Christen nach Christi Beispiel jeweils Knechte des anderen werden, und dass sie, sofern sie über eine gewisse Weisheit, Gerechtigkeit oder Macht verfügen, durch die sie sich von den Übrigen unterscheiden und deren sie sich gleichsam als Gestalten Gottes rühmen könnten, all dies nicht so gebrauchen, sondern dass sie es auf Gott beziehen, und dass sie gänzlich so werden, als besäßen sie es nicht, und dass sie würden wie einer von jenen, die all dies nicht haben. Der Apostel will also, dass ein jeder selbst-vergessend und auf die Gaben Gottes verzichtend mit seinem Nächsten so handelt, als ob die dem Nächsten eigene Schwäche, Sünde und Torheit die seine sei; dass er sich also nicht rühme und weder aufgeblasen noch gelangweilt dem anderen gegenüber triumphiere, so als ob Gott auf seiner Seite oder er Gott gleich sei. All dies ist vielmehr Gott allein zu überlassen, und es wird zum Raub durch solche stolze Vermessenheit. So also wird die „Knechts-Gestalt" angenommen und das Wort des Apostels (Gal 5,13) erfüllt: „Dienet einander durch die Liebe" ... Aus all dem ist nun klar, wie wir mit dem Nächsten, egal in welcher Sache, umzugehen haben.

Wenn wir nicht bereit sind, spontan jene „Gottes-Gestalten" auszuziehen und die „Knechts-Gestalten" anzuziehen, dann werden wir gezwungen und werden derselben gegen unseren Willen entkleidet. Beachte hierzu die Geschichte bei Lukas 7,36ff, wo Simon der Aussätzige, in der Gottes-Gestalt und in seiner Gerechtigkeit thronend, stolz sein Urteil fällte und Maria Magdalena verachtete, in der er die Knechts-Gestalt erblickte. Aber sieh da, wie Christus ihn sofort der Gestalt der Gerechtigkeit entkleidet und ihm umgekehrt die Gestalt der Sünde anzieht, indem er erklärt: Einen Kuss hast du mir nicht gegeben, und mein Haupt hast du nicht gesalbt. Und schau, welch große Sünden es waren, die jener nicht sah! Und wie scheußlich war nicht die Gestalt, von der er bei sich selbst meinte, dass sie gar nicht auf ihn passe. Niemand denkt mehr an eines seiner guten Werke. Christus verkennt ganz einfach die Gottes-Gestalt, in der er sich aus lauter Gefallen an sich selbst im Stolz überhob. Kein Dankeswort Jesu für die Einladung, für das Essen und die ihm erwiesene Ehre: Nichts anderes ist Simon vor ihm als Sünder. Ihm, der sich selbst für so gerecht hielt, ist der Ruhm der Gottes-Gestalt entzogen; verwirrt sitzt er plötzlich da in der Knechts-Gestalt, ob er nun will oder nicht. Umgekehrt aber ehrt er Maria durch die Gottes-Gestalt, indem er ihr seine Gestalt gibt und sie hoch über Simon stellt, mit den Worten: Diese da hat meine Füße gesalbt und geküsst, mit ihren Tränen hat sie die Füße gewaschen und mit ihren Haaren hat sie mich abgetrocknet. Schau hin, welche Verdienste, die weder Maria selbst noch Simon erkannte. Kein Mensch mehr erinnert sich an ihr Versagen; Christus weiß nichts mehr von der Knechts-Gestalt in ihr. Denn er hat sie groß gemacht durch die Gestalt der Herrschaft, und fortan ist Maria nichts anderes mehr als die Gerechte, erhöht in den Ruhm der Gottes-Gestalt.

So wird er uns allen tun, sooft wir uns unter Berufung auf die Gerechtigkeit, Weisheit und Macht aufblähen und aufregen gegenüber all denen, die im Vergleich mit uns ungerecht, töricht und ohnmächtiger erscheinen. Denn dann geschieht es – was den Gipfel aller Verkehrtheit ausmacht –, dass die Gerechtigkeit gegen die Gerechtigkeit, Weisheit gegen Weisheit, Macht gegen Macht zum Einsatz gelangt. Denn mächtig bist du darum, dass du die Machtlosen nicht durch Unterdrückung noch machtloser machst, sondern dass du sie durch Erhöhung und Verteidigung zu Mächtigen erhebst. Und weise bist du nur darum, damit du nicht über die Törichten lachst und sie so noch törichter machst, sondern dass du dich ihrer annimmst und sie belehrst, wie du es für dich selbst möchtest. So bist du denn auch gerecht, damit du den Ungerechten rechtfertigst und entschuldigst, nicht damit du ihn nur verdammst, richtest, schmähst und Rache an ihm nimmst. Das nämlich ist das Beispiel Christi uns gegenüber, wie er selbst sagt: Der Menschensohn ist nicht gekommen, damit er die Welt richtet, sondern damit die Welt durch ihn gerettet werde (Joh 12,47). Und bei Lukas (9,55f) heißt es: Wisst ihr nicht, wessen Geistes Söhne ihr seid? Denn der Menschensohn ist nicht gekommen, die Seelen zu verderben, sondern um sie zu retten. Aber die stürmische Natur hält dagegen, weil sie große Freude hat an der Rache und am Ruhm ihrer Gerechtigkeit sowie an der Scham des Nächsten für seine Ungerechtigkeit. So betrachtet er es als seine Sache, wenn er sie mit Freude für besser hält als die seines Nächsten, die Sache des Nächsten hingegen verfolgt er und wünscht gierig, dass sie schlecht sei. So pervers ist die ganze Bosheit, im Widerspruch zur Liebe, die niemals das ihre, sondern nur das Gut des Nächsten sucht. Eigentlich müsste er es bedauern, dass die Sache des Nächsten nicht besser ist als die seine, und er müsste wünschen, dass sie besser sei als die seine, und zwar mit nicht geringerer Freude als der, mit der er begrüßt, dass die eigene Sache besser sei. Denn das verlangen das Gesetz und die Propheten.

Freilich wirst du geltend machen: „Ist es etwa nicht erlaubt, die Bösen zu züchtigen? Ist es nicht angebracht, die Sünden zu bestrafen? Wer ist nicht gehalten, die Gerechtigkeit zu verteidigen? Hieße das doch, Gelegenheit zu mancherlei Verstoß zu geben."

Darauf antworte ich: Es kann hier keine einfache Lösung geben, weshalb hinsichtlich der Menschen zu unterscheiden ist. Sind doch die Menschen entweder in öffentlicher Verantwortung oder Privat-Personen. Was die öffentlichen Persönlichkeiten betrifft, d. h. die in einem von Gott begründeten Amt stehen und die eine Führungsaufgabe innehaben, so geht sie keiner der Sprüche irgendetwas an: Denn ihnen obliegt es von Amts wegen und notwendigerweise, die Bösen zu bestrafen und zu richten, Rache zu üben und die Unterdrückten zu verteidigen, weil nicht sie selbst, sondern Gott dies tut, dessen Diener sie darin sind, wie der Apostel im Brief an die Römer (Röm

13,4) breit darlegt, indem er sagt: „Nicht ohne Grund trägt er das Schwert“ usw. Freilich gilt dies nur in fremder, nicht in eigener Sache. Niemand nämlich handelt als Stellvertreter Gottes für sich selbst und das seine, sondern nur für die anderen. Wenn er aber eine eigene Sache hat, dann suche er einen anderen Stellvertreter Gottes als sich selbst. Denn dann hat er schon aufgehört, Richter zu sein, und ist selbst Partei ...

Privat-Personen und in eigener Sache handelnde Menschen gibt es in dreifacher Hinsicht. Zunächst sind es die, die Rache und Gericht bei den Stellvertretern Gottes suchen, und hierzu gehören heute nahezu alle. Dies toleriert der Apostel, ohne es ausdrücklich zu billigen, indem er erklärt (1 Kor 6,12): „Alles ist mir erlaubt, aber nicht alles ist nützlich.“ ... Zu einer anderen Gruppe gehören die, die nicht nach Rache verlangen – ja, die sogar bereit sind (nach Maßgabe des Evangeliums), auch den Rock noch wegzugeben, wenn ihnen der Mantel genommen wird, und die so keinem Übel widerstehen (Mt 5,40). Und diese sind Söhne Gottes, Brüder Christi und Erben der künftigen Güter. Sie werden darum in der Schrift verwaiste Kinder, Witwen und Arme genannt, als deren Vater und Richter Gott selbst betrachtet werden will – und zwar darum, weil sie sich selbst nicht rächen, selbst dann nicht, wenn die Mächtigen bereit sind, ihnen Recht zu schaffen, die also nichts verlangen und suchen, sondern nur nachgeben, und die – wenn sie ganz vollkommen sind – sogar ein Eingreifen für sich verbieten und verhindern, weil sie eher bereit sind, auch noch den Rest zu verlieren. Und wenn du daraufhin bemerkst, dass so nur ganz wenige sind und dass in dieser Welt kaum jemand zu bestehen vermöchte, wenn er dies täte, dann antworte ich dir: Es ist keine Neuigkeit heute, dass nur wenige gerettet werden und dass das Tor, das zum Leben führt, sehr eng ist und nur wenige es finden (Mt 7,14). Wenn aber andererseits niemand sich so verhielte, wie würde es dann um die Schrift stehen, welche die Armen, die Verwaisten und die Schutzbedürftigen als das Volk Christi preist? So werden also jene mehr an der Sünde leiden, welche ihre Gegner auf sich laden, als an dem sie betreffenden Schaden und allen Widerwärtigkeiten. Und so werden sie bei ihrer Reaktion mehr darauf achten, wie sie den Gegner von der Sünde zurückrufen können, als auf die Rache für das ihnen zugefügte Unrecht. So legen sie also die Gestalten ihrer Gerechtigkeit ab und ziehen an die Gestalten ihrer Gegner, indem sie für ihre Verfolger beten, indem sie die segnen, die ihnen fluchen, indem sie denen Wohltaten erweisen, die ihnen Böses tun – bereit, für die eigenen Feinde die Strafe zu übernehmen und Genugtuung zu leisten, damit sie gerettet werden. Und dies ist das Evangelium und das Beispiel Christi.

Zu einer dritten Gruppe gehören diejenigen, die ihrer Einstellung nach denken wie eben geschildert, die aber dennoch anders handeln: Gemeint sind jene, die ihr Recht nicht einfordern und auf Rache bestehen, weil sie das ihre suchen, sondern weil sie durch Bestrafung und Wiedergutmachung die Besserung dessen erstreben, der geraubt und Anstoß gegeben hat, und von dem sie sehen, dass er ohne Bestrafung keine Verbesserung erfahren werde. Diese Menschen heißen Eiferer und sie werden in der Schrift an sich gelobt. Aber diese Haltung soll niemand anstreben, es sei denn, er habe die vorstehend beschriebene Vollendung erlangt und oft geübt, damit er seinen Zorn nicht für Eifer halte und damit er nicht meint, aus Liebe zur Gerechtigkeit zu handeln, wo er sich in Wahrheit nur von seinem Zorn und seiner Ungeduld leiten lässt. Ist doch der

Zorn dem Eifer und die Ungeduld der Gerechtigkeitsliebe so ähnlich, dass nur die sie zu unterscheiden vermögen, die über die ausreichende geistliche Erfahrung verfügen. So verhielt sich Christus, als er nach dem Bericht des Johannes-Evangeliums (Joh 2,14ff) mit Geißeln die Händler und Kauflustigen aus dem Tempel vertrieb, oder auch Paulus, als er die Korinther fragte (1 Kor 4,21), ob er „mit der Rute zu ihnen kommen solle" etc.

WA 2, 145ff

Über die Beichte

1518

Über die Ablässe habe ich oft zu euch gesprochen – und zwar so oft, bis ich es verdient hatte, deswegen als Häretiker angeklagt zu werden. Damit ihr aber die Sache kennt und damit ihr euch mit ihnen vergleichen könnt, möchte ich so vorgehen, dass ich – abgesehen von dem Punkt, wo meine Auffassung einzuführen ist – ihren Ansatz darlege. Ihr Ansatz aber besagt: Bei der Beichte sind drei Teile zu unterscheiden, nämlich die Reue, das Bekenntnis und die Genugtuung.

Der erste Teil: *Die Reue* (wie die wahre innere Buße heißt) wird auf doppelte Weise erweckt.

Sie wird erstens erweckt durch die Erforschung, durch die Auffindung und durch die Verabscheuung der Sünden. Auf diese Weise bedenkt jemand (wie sie sagen) seine Lebensjahre in der Bitterkeit seiner Seele, indem er abwägt die Schwere, Verdammungswürdigkeit, die Hässlichkeit und Vielfalt der Sünden, und indem er sich dann vergegenwärtigt den Verlust der ewigen Glückseligkeit und den Erwerb der ewigen Verdammnis, oder andere Gesichtspunkte, die geeignet sind, Trauer und Schmerz zu wecken. Solche Reue aber macht den Menschen zum Heuchler, ja, sie macht ihn noch mehr zum Sünder, sofern er allein aus Furcht vor dem Gesetz und aus dem Schmerz der Verdammnis bereut. Und alle, die sich so verhalten, empfangen unwürdigerweise die Lossprechung und die Zulassung zur

Kommunion. Denn wenn sie in Freiheit bekennen müssten (d.h. frei vom Gesetz und den drohenden Strafen), dann würden sie gewiss einräumen, dass ihnen ihr bisheriges Leben keineswegs missfällt und dass sie ihr Missfallen nur unter Zwang bekunden. Ja, sie müssten einräumen, dass sie in dem Maß, in dem sie aus Furcht vor Strafe und aus Schmerz über die Verdammnis bereuen, umso mehr sündigen und von ihren Sünden angetan sind, die sie nur unter Zwang, nicht aber freiwillig verabscheuen. So kommt es denn auch dazu, dass das Gesetz und die Erkenntnis der Sünde die Sünde groß macht, wie der Apostel im Brief an die Römer (Röm 5,20) erklärt. Darum ist denn auch jene Reue – wie sie selbst sagen – außerhalb der Liebe und ohne jedes Verdienst. Andere nennen sie Zerknirschung (= attritionem), die zur Reue (= ad contritionem) disponiert. So meinen sie jedenfalls, obgleich ich ihre Meinung für einen Irrtum halte.

Zweitens wird die Reue erweckt durch den Anblick und die Betrachtung der sichtbaren Gerechtigkeit, durch die jemand meditierend in der Schönheit und Gestalt der Gerechtigkeit für sie entflammt und hingerissen wird, so dass er anfängt, mit Salomo (vgl. Weish 7) zum Liebhaber der Weisheit zu werden, deren Schönheit er einmal erschaut hat. Dies aber macht den Menschen wahrhaft zum Büßer, weil er nun aus Liebe zur Gerechtigkeit handelt, und sie sind dann der Lossprechung wirklich würdig. Nimm folgendes Beispiel: Wenn du deine Unkeuschheit bereuen willst, dann beginne nicht damit, alle Laster, alle Schändlichkeiten und die entsprechenden Strafen aufzuzählen (denn all dies wird für dich nicht lange vorhalten, da es nur eine gewaltsame, durch die Kraft des Gesetzes erzwungene Reue darstellt), sondern schau auf die Gestalt der Keuschheit und ihre schönsten Vorteile, auf dass sie selbst dir im Herzen gefalle. Und so verhalte dich auch allen anderen Tugenden gegenüber.

Für eine solche Regel ist hier jedoch festzuhalten, dass die Betrachtung der Tugenden in doppelter Weise geschieht: Man kann die Tugend abstrakt und für sich selbst (per se) betrachten. So aber bewegt sie den fleischlichen Menschen nur wenig. Immerhin wird sie auf diese Weise durch die Predigt vermittelt, wobei sie nicht anders als spekulativ dargestellt wird.

Man kann die Tugend aber auch konkret und durch anderes (per aliud) vermittelt betrachten. Dies geschieht z.B., wenn du auf Menschen schaust, die durch solche Tugend erstrahlen, wobei zuerst Christus, dann aber auch die Heiligen im Himmel als Spiegel in Betracht kommen. Dabei gilt für den noch Ungebildeten und den Anfänger, dass Beispiele von aktueller Bedeutung und aus ihrer Zeit sie am meisten bewegen. So sollst du die Jungfräulichkeit in bestimmten Mädchen und unschuldigen Knaben betrachten, bis du durch den Anblick ihrer Schönheit danach verlangst. So sollst du dich der Keuschheit gegenüber oder im Blick auf die Liebe, Geduld und alle sonstigen Tugenden verhalten. So lehrt auch der hl. Anselm, dass wir von der Liebe zu einem guten Menschen zur Gottesliebe aufsteigen sollen. So hat auch St. Augustin seine Reue aus dem Anblick derer geschöpft, von denen er aus dem Martyrium des Pontianus (ex Pontiano) (?) gehört hat. Und so bekennt er selbst, dass die Kirche ihm mit vollen Händen die Beispiele der Jungfrauen und der Enthaltsamen vorweist, deren Wohlgeruch ihn angezogen habe. So bekennt auch der Apostel selbst (2 Kor 2,16), dass er Wohlgeruch sei für die einen zum Leben, für die anderen zum Tode. Ist es doch Zeichen einer wahren Reue, wenn du beim Anblick eines keuschen, demütigen und gütigen Menschen darüber im Herzen seufzt, dass du selbst nicht so geartet bist. So betet denn auch die Kirche, dass Gott uns durch das Vorbild seiner Heiligen wiederherstelle. Und St. Augustinus erklärt im 2. Buch seiner Bekenntnisse Psalm 120,4 ..., indem er die „Pfeile des Mächtigen" als das Wort der Predigt versteht, das die Tugenden zur abstrakten Erkenntnis bringt, während er die „Kohlen der Verwüstung" von den Beispielen der Heiligen versteht, die alles böse Gerede und jede böse Begierde vernichten.

So geschieht es durch die wunderbare Weisheit Gottes, dass niemand sich selbst in wirklicher Güte lebt. Und es geschieht öfter, dass die Guten den anderen von Nutzen sind, solange sie es nicht wissen. Ja, sie wissen es fast immer nicht, da die anderen, solange die Guten in dieser Einfachheit leben, durch deren Wort und Leben mit wunderbarer Anziehung bewegt werden. So leben schließlich auch die Knaben und Kinder dergestalt für uns, dass sie uns den Glanz ihrer Unschuld mächtig empfehlen und uns zur Buße rufen: Sind sie doch für uns lebende Ermahnungen. Deshalb gilt die von dir vorgebrachte Ausrede nicht, dass es dir an lebenden Beispielen für solche Tugenden fehle: Schau auf die Kinder, wie Christus es gelehrt hat, indem er ein Kind auf den Arm nahm, um es seinen Jüngern zu zeigen. Dies ist also die frohe, die wahrhafte, die beständige und die aus dem Geist geborene Buße.

Der Grund für die gesamte bisherige Erklärung aber liegt darin: Es ist unmöglich, dass du etwas mit wirklichem und vollendetem Hass ablehnst, dessen Gegenteil du nicht vorher geliebt hast. Die Liebe geht immer dem Hass vorauf, und der Hass fließt seinem Wesen nach spontan aus der Liebe. Und so wird der Eifer geboren, der nichts anderes ist als erzürnte Liebe, d. h. Hass auf das Böse um des Guten willen. So entstehen der Hass gegenüber der Sünde und der Abscheu gegenüber dem bisherigen Leben auf spontane Weise und müssen nicht erst durch besondere Sorge und Anstrengung gesucht werden. Andernfalls würde unter radikalster Verkehrung der Ordnung und in niemals anzuratender Bemühung die Liebe der Gerechtigkeit durch den Hass der Sünde gesucht werden. Solche Verkehrung aber wäre die Anleitung zur Verzweiflung und zur Mutlosigkeit. Die Buße hingegen muss süß sein und muss aus der positiven Erfahrung (= ex dulcedine) herabsteigen über den Zorn zum Hass gegen die Sünde. Ist doch die Liebe als das frei gewollte ein ständiges Band, der Hass aber ist als Erzwungenes nur von vorübergehender und zeitlicher Bedeutung. So überzeuge also den Menschen zuerst, damit er die Gerechtigkeit liebt. Dann aber wird er ohne deine Belehrung Reue empfinden über die Sünde – dann wird er Christus lieben und sich selbst als verlorenen Verschwender hassen. In diesem Sinn heißt es in Ps 45,8: „Gerechtigkeit hab ich geliebt, das Unrecht gehasst", d. h. zuerst habe ich die Gerechtigkeit geliebt und so habe ich schließlich das Unrecht gehasst usw.

Folgerung

Im Blick auf deine Beichte sollst du mehr bedenken, ob du die Gerechtigkeit ebenso liebst, wie du die Sünde hasst. Dabei sollst du vermehrt und verstärkt, ja allein darum bemüht sein, wie du dein künftiges gutes Leben zu gestalten gedenkst. Die Frage nach der Gestaltung des künftigen Lebens ist wichtiger als die Frage, wie du deine schlechte Vergangenheit im Hass gegen sie aufgibst. Unübertreffbar wahr ist nämlich das Sprichwort – wichtiger auch als alle bisher vorgetragene Lehre über die verschiedenen Formen der Reue –, das auf Deutsch lautet: „Nymmer thun (ist) die hochste pusz", d.h. die beste Buße ist eine neues Leben. So erklärt auch der Apostel im Brief an die Galater (Gal 6,15): In Christus kommt weder der Beschneidung noch der Vorhaut eine Bedeutung zu; was zählt, das ist allein die neue Schöpfung.

Von daher hast du vor allem zu beichten und bei dir zu bedenken, was du tun würdest, gäbe es keine Verpflichtung zur Beichte und keine Fastenzeit, keine Beichtväter und keine Scham, kurz wenn du alles in allem über deine volle Freiheit verfügtest. Würdest du auch dann deine Sünden bekennen, Reue erwecken und büßen wollen? Wenn du solche Bereitschaft in dir nicht findest, dann sollst du wissen, dass du nicht aus Liebe zur Gerechtigkeit handelst, sondern aus der Gewohnheit und aus der Furcht vor dem Gebot, und dass du es vorziehst, dem Haufen zu folgen, wenn es allen erlaubt wäre, keine Buße zu tun. Wenn du aber dazu entschlossen wärest, auch wenn sonst niemand Buße täte, zur Beichte zu gehen und Reue zu erwecken, und wenn alle Welt sich anders verhielte – ja, wenn du auch dann nicht dem Gebot der Buße, sondern der Liebe zu einem neuen und besseren Leben folgen würdest, ja dann würdest du wahrhaft büßen. Und siehe, dies ist es dann auch – wie jene Theologen zu sagen pflegen –, dass die in Liebe erweckte Reue die Vergebung der Sünden bewirkt. Zwar weiß ich nicht ein Wort davon, ob alle verstehen, was sie so häufig im Munde führen. Das aber weiß ich, dass diesbezüglich äußerste Finsternis herrscht und dass ich das Ganze niemals richtig begriffen habe. Hier aber wirst du dann finden, wenn du dich selbst nicht belügen willst, dass du die Voraussetzung nicht erfüllst, sondern dass du wünschen würdest, dein früheres Leben – zu dem du dich ganz und gar hingezogen fühlst – möchte doch erlaubt sein. So bekennt denn auch St. Augustin, dass er besorgt gewesen sei hinsichtlich seiner Reue für das vergangene Leben. Ja, wenn du die fragliche These recht bedenkst, wirst du leicht einräumen, dass es eigentlich niemanden oder allenfalls ganz wenige Menschen in der Welt gibt, die eine solche Reue haben. Von mir selbst bekenne ich jedenfalls dasselbe. Und wenn du wahrhaft und frei aus Freude beichten solltest ohne Gedanken an Gott, sein Gebot und die drohende Strafe, dann weiß ich, dass deine Antwort lauten wird: „Wenn es keinen Gott und keine Hölle gäbe, dann würde ich bestimmt keine Buße tun.“ Ich weiß und wiederhole es, dass dies dein Gedanke sein wird, sosehr du deine Reue bekunden möchtest. Was also werden wir hier tun? Einerseits ist es unabdingbar notwendig, dass wir solche Reue haben; andererseits bringen wir solche Reue einfach nicht zu Stande. Werden wir also alle verdammt sein? Nein, das sei ferne von uns! Wir wollen vielmehr antworten:

Es ist unvermeidlich, dass du nach voraufgehender Erkenntnis nicht leugnest, ein solcher zu sein. Dann aber magst du im Winkel und nach dem Rat Christi im Verborgenen deinen Vater im Himmel bitten (Mt 6,6), indem du ohne jede Fiktion zu ihm sprichst: „Siehe, mein bester Gott, du befiehlst mir, Buße zu tun. Aber ich elender Mensch bin so veranlagt, dass ich im Herzen spüre, dass ich dies weder will noch kann. Darum flehe ich ausgestreckt zu deinen Füßen deine Barmherzigkeit und Gnade an: Mach mich büßen, wie du befiehlst, dass ich büße.“

Und so bete mit St. Augustin: „Herr, schenk mir, was du befiehlst; und dann befehle, was immer du willst." Und mit der Kirche sollst du beten: „Und gib uns ein bußfertiges Herz." Dieses Gebet aber, verbunden mit der Anerkennung und dem Bekenntnis deiner Unbußfertigkeit, wird – wenn es ohne jeden Vorwand geschieht – von selbst bewirken, dass Gott dich für einen wirklichen Büßer hält, magst du bis jetzt auch noch spüren, wie sehr du dem Bösen zuneigst. Hab also keine Furcht! Dieses Bekenntnis und dieses Gebet wird dann bewirken, dass Christus aus dem Seinen ergänzt, was dir noch fehlt. Und von der Verrichtung dieses Gebetes halte dich nicht ab deine Unwürdigkeit und Unreinheit. Tritt vielmehr voller Vertrauen hinzu! Denn wenn du erst zu Gott beten willst (wie viele Toren dies tun!), wenn du einmal rein sein wirst, dann wirst du niemals beten. Und glaube fest: Wer dir diese Erkenntnis deiner Sünde geschenkt hat, ohne dass du ihn darum gebeten hast, der wird dir auch die Gnade des Gebetes schenken. Ja, er hat dir die Erkenntnis der Sünde und der Gerechtigkeit geschenkt, damit du um Gnade flehst. So sagt denn auch St. Augustin gemeinsam mit dem Apostel (Röm 3,20): Durch das Gesetz kommt Erkenntnis der Sünde, damit Gnade geschenkt und erlangt wird ...

Corollarium I

Die wahre Reue ist nicht aus uns, sondern aus der Gnade Gottes: Darum sollen wir also an uns selbst verzweifeln und zu seiner Barmherzigkeit fliehen.

Corollarium II

Die Reue beginnt im Büßer, aber hört das ganze Leben hindurch bis zum Tode nicht auf. Sie dauert also nicht nur (wie viele meinen) für die kurze Zeit der Beichte. Schau, so hast du die Grundlage, um die Forderung derer zu verstehen, die sagen, man müsse in Liebe (= in charitate) und mit gutem Vorsatz Buße tun, soweit uns Gott dazu die Hilfe seiner Gnade verleiht.

Niemand soll dem Beichtvater antworten, dass er im Sinne der Liebes-Reue bereut, und auch der Beichtvater soll nicht danach fragen. Du magst allenfalls im Beichtstuhl erklären: „Ich weiß nicht, ob ich aus Liebe bereue. Aber dennoch bitte ich den Herrn darum und vertraue darauf, dass er mir durch seine Gnade die Reue der Liebe schenkt und mich von Tag zu Tag mehr zu dieser Reue führt."

So viel zum ersten Teil der Beicht. Der zweite Teil ist *das sakramentale Bekenntnis* (d. h. das Bekenntnis der Sünden und die Lossprechung), und hierzu sind vor allem zwei Bemerkungen zu machen:

Erstens, unterstehe dich nicht, alle lässlichen Sünden – ja nicht einmal alle Todsünden beichten zu wollen. Denn es ist unmöglich, dass du alle Todsünden mit Sicherheit erkennst. Niemand kann aber zum Unmöglichen verpflichtet werden! Darum hat man in der frühen Kirche allein die öffentlichen Todsünden bekannt, wie aus dem 1. Brief an die Korinther (1 Kor 5,11) hervorgeht: Wenn jemand unter euch ein Lüstling, Geizhals und Götzendiener oder ein Ehrabschneider, Trunkenbold und Räuber ist, dann sollt ihr mit solchen Menschen nicht einmal essen. Ähnlich heißt es so im Brief an die Galater (Gal 5,19): Offenbar sind die Werke des Fleisches etc. Darum beichten viele nach den fünf Sinnen, den sieben Gaben, den sieben Sakramenten oder nach den acht Seligkeiten und vielen anderen Sünden-Katalogen, und zwar in der Absicht, dass sie keine Sünde nicht beichten, obgleich doch auf den Listen manchmal keine oder kaum eine lässliche Sünde verzeichnet steht. So ermüden sie den Beichtvater, vergeuden die Zeit und sind anderen zur Last.

Also sollst du in doppelter Weise auf die Beichte vorbereitet sein. Einmal so, dass du dem Priester alle eindeutigen Todsünden bekennst, obgleich es manchmal schwierig ist, die schweren von den lässlichen Sünden zu unterscheiden, es sei denn, sie sind dem Werk nach offenbar und evident hinsichtlich der Zustimmung des Herzens, wie das Verfluchen, der Diebstahl, der Todschlag, die Unzucht, die Ehrabschneidung, der Zorn, die Verbitterung etc. Zum anderen aber so, dass du Gott alle restlichen Sünden bekennst, indem du mit dem seligen Hiob sprichst: (Ijob 9,28); „Ich schäme mich für alle meine Werke, wissend, dass du dem Schuldigen nicht verzeihst." Oder mit dem Psalmisten (Ps 19,13): „Wer kennt schon seine Missetaten? Mach mich rein, o Herr, von meinen geheimen Sünden." Denn keines unserer Werke, auch nicht die guten, ist so, dass es keine verdammungswürdige Sünde wäre, wollte Gott mit uns ins Gericht gehen. So sagt Psalm 143,2: „Geh nicht mit deinem Knechte ins Gericht, denn vor deinem Angesicht wird kein Lebender gerechtfertigt." Oder (Ps 116,11): „Jeder Mensch ist ein Lügner" etc. Allein durch solch demütiges Bekenntnis und das entsprechende Gebet werden uns die Sünden vergeben und als Verdienst angerechnet (= meritoria). Darum befiehlt er uns auch zu beten: „Vergib uns unsere Schuld." Diesbezüglich gilt daher: Wollen wir in der Beichte schlechthin alles bekennen, dann verhalten wir uns nicht anders, als ob wir Gottes Barmherzigkeit nichts zur Verzeihung übrig lassen, und als ob wir unser Vertrauen nicht in ihn, sondern in unsere Beichte setzen möchten, um auf diese Weise sicher zu sein und sein Urteil nicht zu fürchten, obgleich er doch sein Wohlgefallen hat an denen, die ihn fürchten und die hoffen auf seine Barmherzigkeit (Ps 147,11).

All dies sage ich euch aber auch deshalb, dass ihr im Vorhinein ermahnt und gefeit seid für eure Todes-Stunde, in der der Teufel euch nicht nur eure geheimen Todsünden vorhält und groß macht, sondern in der er auch aus lässlichen Sünden und selbst aus euren guten Werken schreckliche Sünden macht, um so euer ganzes Leben im Höchstmaß als verloren und verdammungswürdig erscheinen zu lassen. Ich sage dir all dies, damit du dann weißt, was du tun sollst, und damit du dann nicht rufst: „Ach, wenn ich doch nur gebeichtet hätte oder noch Zeit zur Beichte haben würde!" Denn du sollst so nicht in Verzweiflung geraten, worauf der Teufel aus ist, sondern du sollst voller Vertrauen sprechen: Zwar weiß ich, dass mein ganzes Leben verdammungswürdig ist, wenn es gerichtet wird. Aber der Herr hat mir befohlen, dass ich nicht auf mein Leben, sondern auf seine Barmherzigkeit vertraue, wie er selbst sagt (Mt 9,2): „Hab Vertrauen, mein Sohn, deine Sünden sind dir vergeben." ... So hat auch der hl. Bernhard gesagt, als er sich einmal dem Tode nahe glaubte: „Ich habe meine Zeit verloren, weil ich verloren gelebt habe; ich habe nichts als ein zerknirschtes und gedemütigtes Herz, das du, o Gott, nicht verachten wirst." Ganz so wird dich also die Furcht vor dem Gericht demütig machen. Aber die Hoffnung auf die Barmherzigkeit wird den Gedemütigten wieder aufrichten. Zum Zweiten aber schau, dass du auf keine Weise darauf vertraust, die Lossprechung deiner Reue wegen zu finden – so nämlich würdest du auf dich selbst und deine Werke vertrauen, was die schlimmste Anmaßung darstellt –, sondern allein um des Wortes Christi willen, als er zu Petrus sagte: „Was immer du auf Erden lösen wirst, soll auch im Himmel gelöst sein" (Mt 16,19).

Hierauf vertraue, wenn du die Lossprechung des Priesters erlangst, und glaube tapfer, dass du losgesprochen bist und losgesprochen sein wirst, weil Christus nicht lügt – gleichgültig, wie es um die Qualität deiner Reue steht. Denn blicktest du auf deine Reue, dann glaubtest du nicht dem von Gott über dir verkündeten Spruch, der nicht lügen kann. Gleichzeitig aber würdest du dich so zum Wahrhaftigen, Gott hingegen zum Lügner machen. Denn jener Urteilsspruch muss wahr und sicher sein. Darum aber musst du hier umso mehr einsehen, wie sehr diesem Glauben – verglichen mit allem anderen – nichts abgeht. Selbst wenn wir annehmen, dass jemand ohne Liebes-Reue gebeichtet hat oder dass der Beichtvater nicht ernstlich, sondern nur zum Scherz die Lossprechung vollzogen hat – wenn das Beichtkind dennoch glaubt, die Lossprechung empfangen zu haben, dann ist es auch ohne jeden Zweifel absolviert. Eine so große Sache ist der Glaube und so mächtig ist das Wort Christi! Verdammt werden darum aber alle, die ihre Lossprechung erst dann mit Vertrauen annehmen wollen, wenn sie sich ihrer Reue ausreichend gewiss sind. Sie sind es, die das Haus ihres Gewissens auf Sand, nicht aber auf Fels errichten wollen.

So heißt es in der „kirchlichen Geschichte", dass der hl. Athanasius beim Spiel mit den Kindern diese getauft habe, wie er es vorher von den Priestern gesehen hatte, und dass der hl. Alexander als Ortsbischof feststellte, die Kinder seien wirklich getauft. Ebenso erzählt man sich von einem Schauspieler, dass er dem Kaiser zu Gefallen die Taufe spielend verhöhnen wollte. Als er aber dann einen Engel mit einem Buch erblickte und glaubte, wurde aus der nachgeäfften Taufe umgehend eine wahre Taufe. Darum sollte das Beichtkind eher nach seinem Glauben an den Empfang der Lossprechung als nach seiner Reue fragen, wie denn auch Christus (Mt 9,28) von den Blinden wissen wollte: Glaubt ihr, dass ich dies an euch tun kann? Und das ist richtig so, weil die Reue niemals wahr genug sein kann, bzw. träfe dies zu, dann wäre dies trotzdem nicht gewiss; wenn es aber gewiss sein würde, dann wäre es trotzdem nicht gewiss genug. Der Glaube und das Wort Christi aber sind im Vollsinn wahr, gewiss und ausreichend.

Hier fällt also der Irrtum all jener, die sagen, dass die Sakramente des neuen Bundes dergestalt wirksame Zeichen der Gnade sind, dass das Beichtkind – mag es auch nicht im Sinne der vollkommenen Reue (= contritus), sondern nur im Sinne der unvollkommenen (= attritus) disponiert sein – Gnade erlangt, wenn es sich nur nicht durch aktuelle Sünde oder schlechte Absicht von der Gnade abriegelt. Ich aber sage dir, dass dir – magst du auch in vollkommener Reue, aber ohne Glauben an deine Absolution zur Beichte gehen – die Sakramente zum Tod und zur Verdammung gereichen. Denn wo der Glaube notwendig ist, da kann ganz einfach nicht die unvollkommene Reue (= attritio) oder die Nicht-Setzung des Riegels genügen. Schließlich gibt es keinen Menschen in dieser Welt, der diesen Riegel nicht betätigte, es sei denn allein der, der glaubt. Denn allein der Glaube rechtfertigt, und ohne den Glauben gibt es keinen Zugang zu Gott. Ganz und gar wahr ist nämlich jener allgemeine Satz, der besagt: Nicht das Sakrament, sondern der Glaube an das Sakrament rechtfertigt. Und St. Augustin sagt hierzu: Das Sakrament (der Taufe) wäscht uns rein, nicht weil es geschieht, sondern weil es geglaubt wird. Wenn aber schon das Sakrament nicht rechtfertigt, sondern nur der Glaube an das Sakrament, um wie viel mehr gilt dann von der Reue und dem nicht betätigten Riegel, dass nicht sie, sondern der Glaube gerecht macht!

Hier aber bricht dann die Frage auf, wodurch sich die Sakramente des Alten Bundes von denen des Neuen Bundes unterscheiden, wenn diese wie jene die Gnade nicht ohne Weiteres schenken. Aber darüber wollen wir ein ander Mal nachdenken. Für heute mag genügen, dass die Sakramente des Neuen Bundes wirksame Zeichen der Gnade sind, wenn du glaubst, nicht aber mehr. So viel also vom zweiten Teil des Sakramentes der Buße.

Der dritte Teil ist schließlich *die Genugtuung*. Obgleich wir von ihr in der Schrift nichts lesen, sagen die Theologen von ihr, dass sie auf doppelte Weise geschehe: einmal durch die Erfüllung der auferlegten Buswerke wie Almosen, Fasten und das Verrichten bestimmter Gebete; zum anderen aber durch den Ablass. Aber hierüber habt ihr den eben erst gedruckten volkstümlichen Sermon, weshalb ich jetzt die Frage übergehe. Lest dort das Notwendige.

WA 1, 319ff

Von den zwei Eseln

Über Matthäus 21,1ff – *Palmsonntag 1521*

„Hosianna dem Sohne“ usw.: „Gott, gib Heil und Glück diesem Sohn Davids (das ist diesem König) und Hilf in der allerhöchsten Höhe“ etc.

In dem Evangelium ist vor allem eins im Bild uns vorgestellt, was nämlich die christliche Kirche und ein christliches Leben sei. Wir wollen es kurz durchlaufen.

Wir haben gehört, dass ein Prediger in der christlichen Kirche darauf aus sein soll, dass er allein Christum predige, damit der Mensch wisse, worauf er sich verlassen und sein Gewissen gründen soll. Denn dies ist allein der Stein, auf den das Gewissen des Menschen gesetzt ist. Da nun das heutige Evangelium auch darauf eingeht, wollen wir den Spruch behandeln, den Matthäus aus dem Propheten (Sach 9,9) anführt. Der Evangelist sagt selbst, dass die Historie darum geschehen sei, damit dieser Spruch erfüllt würde. Darum hat ohne Zweifel die Prozession das ausgerichtet, auf dass die Prozession das Werk und der Spruch das Wort sei. Nun wollen wir sehen, wie.

Zum Ersten spricht die Historie und auch der Prophet von zwei Eseln. Die zwei Esel bedeuten das ganze Volk, das da soll zum Himmel fahren und dem befohlen ist, das Evangelium zu hören. Nun reitet aber Christus den einen Esel allein. Die Apostel reiten nicht. Es gibt nicht mehr denn einen Reiter, und der heißt Christus. Wir sind nimmermehr Esel, auf denen andere Leute reiten. Das ist es, das ich vorher auch gesagt habe: Das

Evangelium will uns nur in die Einigkeit führen, auf dass man wehre allen Lehren, allen Werken und falschem Glauben, die uns anderswohin treiben denn zu Christus. Soll doch das Gewissen ausgerichtet sein auf diesen Christus allein. Wenn Gott hätte haben wollen, dass ein Mensch unser Gewissen reiten sollte, dann hätte er wohl St. Peter aufsitzen lassen. Aber die Apostel sind nur Diener, wie der Text sagt: „Sie haben ihm geholfen aufzusteigen." Christus hat sich auf den Esel setzen lassen, obgleich er wohl selbst hätte aufsitzen können. (Er hat es getan), damit man sehe, dass die Apostel nur Knechte seien zu der Sache. Das ist, dass alle, die zum geistlichen Amt gehören, streng darauf schauen, dass sie ja nicht selbst reiten, auf dass wir sie nicht für Herren halten. Wir sollen uns allein Christus als Herrn vor Augen halten. Denn er hat Macht über uns, und auf ihn allein sollen wir unsere Zuversicht setzen. Nun nimmt der Herr die zwei Esel, einen, der eingeritten ist, einen andern, den noch niemand geritten hat. (Die beiden Esel), das sind wir, nach der Seele und nach dem Leib: Wenn man nicht Christum predigt, ist der Mensch allein dazu da, dass ihn jedermann treibt und Mühe macht – niemals kommt er zur Ruhe. Denn der Mensch ist nun einmal nie und nimmer freiwillig beim Gesetz. Was er tut, das tut er allein darum, dass er fürchtet, man möchte ihn sonst härter strafen. So muss er fromm sein und wird dazu getrieben. Auch ist der junge Esel niemals frei und willig – lässt sich von niemand reiten, bis endlich Christus kommt und macht das Gewissen fröhlich, willig zu tun, was er soll. Dann lässt er sich gerne reiten.

Also muss man aus den zwei Eseln einen Menschen machen.

Christus sitzt im Herzen, da ist sein Regiment. Er macht das Herz fromm und fröhlich. So muss der alte Esel nachfolgen.

Da heben sie dann an die Werk, dass man Fleisch und Blut bezwinge; dass man dem Nächsten helfe; dass man dem Geist folge.

Also ist hier angezeigt ein rechtes christliches Leben.

Der junge Esel, der Christum trägt, das bedeutet, dass der Mensch an Christus glaubt. Der alte Esel aber, der dem jungen folgt, bedeutet, dass man auch gute Werke zu tun hat, die auf den Glauben folgen sollen. So reitet Christus im Geist und regiert dennoch die Körper. Also reitet er schließlich doch auf beiden Eseln etc. Also ist nun der Mensch ganz frei, der alte und der junge Esel. Kann auch den alten Esel niemand mehr zwingen in äußerlichen Dingen. Man soll fortan nicht mehr Tage und Zeiten, dies oder das festsetzen, auf dass man daran gebunden sei. Nimm dir vielmehr nicht mehr vor, als dass du dem jungen Esel folgst, das heißt, dass du dich durch den Geist regieren lässt und dein Fleisch derart im Zaume hältst, dass es dem Geist nicht widerstrebe, sondern ihm untertan sei. So soll man einen christlichen Menschen ganz frei lassen von allen Gesetzen etc.

Also sehen wir weiter, was die Apostel für einen Befehl haben. Christus sagt in dem Propheten-Spruch (Sach 9,2) zu ihnen: „Geht hin, bindet sie (d.h. die Esel) los und bringt sie zu mir." Sie sind nämlich angebunden, d. h. im übertragenen Sinn: Es bindet uns niemand außer dem Gesetz. Bevor Christus kommt, ist der Mensch immer gefangen. Denn solange er durch dieses oder jenes Werk fromm werden will, ist er ganz an die Werke gebunden. Dies dauert so lange, bis die Apostel kommen und den Esel losbinden, d.h. bis sie predigen die Vergebung der Sünden. So reitet Christus auf ihm und macht das Gewissen gut – und zwar reitet er jetzt auf ihm und ist gegenwärtig im Herzen der Menschen. Du darfst nicht denken, dass er im Himmel allein sei. Selbst (dort ist der Esel bei ihm). Denn er führt den Esel, wo immer er hingeht. Freilich sieht der Esel ihn nicht. Er schaut nur vor sich und herab auf den Weg. Trotzdem fühlt er den Reiter ganz deutlich. So geschieht es denn auch mit uns: Wenn Christus in unseren Herzen ist und wir ihm glauben, dann sehen wir Christus nicht, sondern fühlen nur, dass er in uns regiert etc.

Nun folgt der Spruch des Propheten (Sach 9,5): „Siehe, dein König kommt zu dir als jemand, der dich sanft mit der Hand führt und bei dir bleibt" etc. Das ist so viel gesagt: Du bist verworfen gewesen, hast ein schweres Gewissen, das dich betrübt macht – ja, es reitet der böse Geist auf dir. Du fühlst, dass dich dein Gewissen drückt, und willst diesen Druck loswerden. Du darfst auch fröhlich sein, denn es kommt der König. Er wird dich selbst reiten und er wird dir sanftmütig begegnen. Du bist bedrückt gewesen, er aber wird dich nicht drücken. Du bist gebunden, er wird dich losbinden. Dazu sagt er „dein König", nicht ein Tyrann, und kein Feind. Denn der Tyrann, der böse Geist, der dich unterdrückte, kommt nicht zu dir, sondern du bist zu ihm gekommen. Der König hingegen kommt selbst und wirklich zu dir, und zwar ehe du es verdienst und ohne alle Planung. Du bist wie der Esel, der nicht daran denkt, jemand zu bitten, dass er auf ihm reite. Christus muss selbst kommen und der kommt dir – wie der Prophet sagt – als „Armer, als Gerechter und als Retter". Die drei hat der Evangelist in das eine Wörtlein „mansuetus" (die Übersetzung mit „sanftmütig" verdeckt die ungewöhnlich große Bedeutungsfülle des lateinischen Wortes) gezogen, und ist nichts anderes damit gesagt als dies: Du sollst dich ja nicht fürchten vor ihm. Denn er kommt nicht als ein strenger Richter, nicht als ein zorniger Herr. Er will nichts fordern von dir, sondern er will dir das Gewissen sanft machen. Er kommt darum, dass er sich deiner erbarme etc.

Das Wörtlein, das der Prophet „pauper“ heißet und der Evangelist „mansuetus“, lautet im Hebräischen „ani“ und bedeutet ein jämmerlicher, elender Mensch. Darum meint hier der Spruch: Dieser König kommt zu dir gleich jämmerlich wie du. Denn er hat deinen Jammer und dein Elend sich zu Herzen genommen und zum Anliegen gemacht. So kommt er nicht darum zu dir, um Forderungen an dich zu richten, wozu er gewiss das Recht hätte. Erkenne ihn nur und nimm ihn also an, so wirst du fröhlich werden. Du hast wohl Ursach, dass du ihn lobst und ihm dankst, wie es hier die Schar (der Juden) tut. Nimm dich der Sache wirklich so an und sei überzeugt, dass er sich deines Jammers annehme und dass es ihm leid sei um dich. Vertraue ihm, so sollst du deinen Jammer los sein. So muss man den Spruch verstehen, dass man es so fasse durch den Glauben. Wir dürfen es nicht eine bloße Historie sein lassen, indem wir sagen: Sieh, das ist das Zeichen, das du sollst haben. Er sitzt sanftmütig auf einem Esel etc. (In Wahrheit verhält es sich vielmehr so): Wie er hereinkommt äußerlich (und wie er gekommen ist), so kommt er auch (jetzt) zu dir ins Gewissen.

Das ist für dieses Mal genug vom Evangelio, darin uns vorgestellt ist, wie ich erstlich gesagt habe, eine Form christlichen Lebens. Summa Summarum aber heißt das, dass ein rechtes christliches Leben besteht im Glauben, in der Liebe und in der Hoffnung. Der Glaube ist, dass man Christo vertraue und sich auf den Spruch verlasse, den wir im Evangelio gehört haben. Die Hoffnung aber besteht darin, dass wir wirklich warten auf das ewige Leben – und nicht denken, dass wir ewig wollen hier bleiben. Die Liebe schließlich besteht darin, dass wir den Leib dahingeben, damit er dem Nächsten dient. Und das ist das ganze Evangelium, wie wir es alle Zeit gehört haben. Jetzt aber will ich's beschließen mit einer kurzen Vermahnung.

Ich hab euch oft vorgetragen, was die rechte christliche Lehre sei, die im Evangelio steht, und wie ein rechtschaffen christliches Leben nach meiner Meinung aussieht. Das solltet ihr nun eigentlich begriffen haben. Daraus folgt: Geht es bei euch anders zu, so geht es nicht recht zu. Ich sage euch dies, soweit ich kann. Tut ihr es dennoch nicht, so bin ich entschuldigt. Nehmt ihr es auf die leichte Schulter und haltet es für Narretei, so kann ich nichts dagegen tun ... Immerhin will ich euch warnen, wie man mit dem Sprichwort zu sagen pflegt: „Nicht mich, den Doktor, sondern dich selbst wirst du verspotten." ... Unser Herrgott zündet ein großes Licht an, dass man sieht, was rechte christliche Lehre und das Evangelium ist und dass des Papstes Ding Narrenwerk sei, das so viele Seelen verdirbt. Darum bitte ich euch, lasst alle (Werk-)Heiligkeit anstehen und übt euch in der Liebe. Erkennt endlich, dass Gott uns heimsucht, was ohne Zweifel geschieht, damit uns nichts geschehe, wie er zu Kapharnaum sagt (Mt 10,15): „Am Tage des Gerichtes wird es Sodom und Gomorra besser gehen ..." etc. Lüg ich, so hab ich zu euren Gunsten gelogen. Sag ich die Wahrheit, so sag ich sie euch zugut. Darum schaut, dass ihr es ernst nehmt. Denn wird Gott es für einen Scherz halten, will ich ihn nicht mehr für einen Gott halten. Es wäre besser, dass ich kein Wort gepredigt hätte, wolltet ihr so bleiben, wie ihr vorher gewesen seid.

WA 9, 633ff

Über das Leiden Christi I

1518

„Seht da, welch ein Mensch!“ Von großer Bedeutung ist dieses Wort, das in aller Kürze dasselbe zum Ausdruck bringt, was schon beim Propheten Jesaja (Jes 53,2) geschrieben steht: „Wir haben ihn gesehen, aber er war nicht mehr anzuschauen“, oder: „Keine Gestalt und keine Zierde ist ihm noch geblieben.“ Als Pilatus ihn so blutig und zerfetzt, so voller Dornen und Speichel erblickte, so dass er schon keinem Menschen mehr ähnlich sah, da brach er in edlem, wenn auch hartem Erbarmen in die Worte aus: „Seht da, welch ein Mensch!“ Es ist, als ob er sagen möchte: „Schaut hin, ob er überhaupt noch als Mensch zu betrachten ist.“ Gott aber gebe uns, dass wir beim Anblick Christi vor den Augen der Seele wenigstens nach dem Beispiel des Pilatus voller Grauen zu diesem Kurz-Kommentar (= breviloquium) hingerissen werden, um erschreckt und betroffen zu erklären: „Seht da, welch ein Mensch!“ Hier ist es, als ob der Christ sagen würde, dass er mit all seinen Kräften zurückscheut, in Panik und Verwunderung gerät, wenn er solch scheußliche und blutige Schande seines für ihn leidenden Herrn betrachtet oder von ihr hört. Denn wenn er nicht zurückschreckt und innerlich zerschmilzt bei solchen Quälereien eines solchen Feuers, ja einer solchen Glut, dann muss er ganz ernstlich als gewiss befürchten und beklagen, dass sein verhärtetes und gefühlloses Herz überhaupt keinen Schrecken zu empfinden vermag. Und wenn er sich schon nicht fürchtet und keinen Schmerz empfindet, dann leide er wenigstens daran, dass er nicht leiden und sich nicht fürchten kann. Denn es sind dies sehr böse Zeichen dafür, dass die Seele tot ist, leer von Christus und besessen vom Teufel. Denn wenn Christus in ihm wohnte, wie könnte er dann nicht mitweinen, wenn Christus weint, nicht mitleiden, wenn er leidet, nicht mitzittern, wenn er zittert, da doch der geistliche Mensch Freude hat mit denen, die sich freuen, oder weint mit denen, die Tränen vergießen, sich gefangen gibt mit den Gefangenen, verwundet wird mit den Verwundeten, leidet mit den Leidenden, und überhaupt Gefühl und Lage aller Menschen in herzlichem Mitleid zu seiner Angelegenheit macht. Und der Jünger, den Jesus liebt, wo hat er wohl zu stehen, wenn nicht neben dem Kreuz Jesu? Wer also mit Frucht die Passion Christi hören, betrachten und lesen will, der muss die Betroffenheit (= affectus) eines solchen Mitleidens anziehen, ganz als ob er Christus in seinem Leiden beigesellt wäre. Was immer Christus nach der Leidensgeschichte auszuhalten hatte, das muss auch er der Vorstellung nach mit ihm ertragen. Wenn er hört, dass Christus geohrfeigt und gefesselt wird, dann muss auch er die Backenstreiche und Fesseln hinnehmen; und wenn er so mitzuleiden scheint, dann soll er glauben und wissen, dass Christus unvergleichlich viel mehr denselben Schmerz getragen hat – und zwar der Betrachtende verdienterweise, Christus hingegen für ihn und für die anderen Menschen. Solches Mitleiden hat der Schächer am Kreuz aufs Höchste erfahren. Dann aber lerne der Christ, sich so aus Christus zu erkennen, dass er noch mehr weint. Denn weil Christus in der Passion in unserer Person handelt, ist es nunmehr an uns, dass wir so sind vor Gott (= coram deo), wie er selbst für uns vor den Menschen (= coram hominibus) erscheinen wollte. So bezeugt er selbst in der Apokalypse (1,7): „Und es beweinen sich in der Klage über ihn alle Völkerstämme der Erde." Das Klagen wäre darum unsere Aufgabe, während das Beklagt-Werden über Christus geschehen muss, wie er selbst als Einzelner über uns geklagt hat, und wie es unsere Aufgabe ist, alle zu beklagen – einen für alle und alle für einen –, gleichgültig, ob dies in der Zukunft oder jetzt geschieht. Selig, die jetzt mit Christus trauern und klagen, denn sie werden mit Christus getröstet werden; elend aber sind die, die jetzt getröstet werden, weil sie mit dem Teufel in Ewigkeit klagen werden. Ein Kreuz hat Gott errichtet, wer wird es umlegen? Seinen Sohn hat er am Kreuz aufgehängt, wer wird danach noch frei sein? Der Herr hat schwerste Trauer getragen, wird dann die Kreatur etwa lachend leben? Wenn der Unschuldige gelitten hat, werden dann die Schuldigen entkommen? Sie werdens lassen. Es ist also ein Wunder, wie Christi Kreuz in solche Vergessenheit geraten kann. Oder ist es nicht ein Vergessen seines Kreuzes, dass niemand auch nur das Geringste leiden will, und dass ein jeder sich in die Lust und den Frieden stürzt, das Kreuz aber flieht? Ist es nicht sittenwidrig, dass sich die Glieder unter einem verwundeten Haupt und solange es Schmerz erleidet, freuen wollen? Wir halten also fest, dass das Leiden Christi unter doppeltem Gesichtspunkt erkannt werden will, nämlich als Sakrament und als Beispiel. Sakrament ist es dadurch, dass es unseren geistlichen Tod durch seinen leiblichen Tod bezeichnet, ja, dass es tötet und auferweckt. Es tötet den alten Menschen, der schlecht gelebt hatte, und es erweckt den neuen Menschen, der auf ungute Weise (= non bene) tot war. Wie also Christus dem Leibe nach ist, so waren und sind wir im Geist und dem geistlichen Menschen nach. Also haben wir zu seufzen und zu klagen über uns selbst, damit wir mit dem sterbenden Christus als Todes-Kandidaten (= morituri) sterben ...

Darum sehe jetzt ein jeder zu, ob er sich für den hält und glaubt, der er in Wahrheit ist. Wer würde nicht sieben Mal für verrückt erklärt werden, der in seinen so großen und ständigen Übeln lachen und nicht trauern möchte? Das Erste also, das Christus uns durch sein Leiden vorstellt, ist dies, dass er uns Stoff für unsere Erkenntnis liefert und uns zeigt, wie wir tief im Herzen vor Gott sind, damit wir nach dieser Erkenntnis nicht aufhören zu klagen, zu leiden, zu weinen und zu büßen, bis wir dann für immer befreit werden. Wenn diese Erkenntnis sich in uns durchsetzte und mit ihr die Einsicht in unseren Mangel die Oberhand erlangte, dann wäre es leicht für uns, milde, geduldig, demütig, armselig, gütig und zu Verächtern der Welt zu werden und gleichzeitig das Beispiel Christi nachzuahmen. Darüber hinaus würden wir dann mit Psalm 54,7 beten: „Wende ab alles Übel von meinen Feinden", nimm weg jene Übel von meinem Geist und übertrage sie aufs Fleisch mit seinen Sinnen, auf den alten Menschen. Denn sie sind meine Feinde (es redet nämlich der Geist und der sagt: Die Feinde des Menschen sind seine Hausgenossen), „in Wahrheit wirst du sie zerstreuen", wie du versprochen hast, und in deiner Fülle liegt der Geist. Weil wir das Leiden Christi nicht erkannt und es vergessen haben, ja, weil wir uns selbst in ihm nicht mehr erkennen, haben wir nach Dingen gegriffen, die außerhalb von uns sind. Wie nämlich kann sich die Seele der bitteren Tränen oder wenigstens des Seufzens im Herzen enthalten, wenn sie es am gekreuzigten Christus wahrnimmt, und wenn sie ihr eigenes Elend erfasst, voll von allem Übel und jeder Verzweiflung?

Denn hier ist uns ein getreues und keineswegs verlogenes Zeichen des eigenen Elends dargeboten: Wer nicht weiß oder daran zweifelt, wer er sei, der schaue darauf, und er wird sehen, was er ist.

Schlussfolgerung: So lange hat jemand Christi Passion nicht erkannt, wie er sich selbst in ihr nicht porträtiert findet. Und völlig sinnlos teilt der Mensch Christi Leiden, der daraus für sich selbst nicht gelernt hat mitzuleiden. Töricht nämlich bist du, wenn du Christus, der um deinetwillen leidet und duldet, auf dem Weg begleitest in der selbstsicheren Annahme, dass es des Mitleids mit dir eigentlich weniger bedürfte. In Christi Mitleiden nämlich bist du bereits persönlich betroffen: Denn wenn er für dich leidet, willst du dann etwa nicht für dich, sondern nur für ihn leiden? Als wenn du besser daran tätest, ihn in dir als dich in ihm zu beklagen, wenn doch nun einmal feststeht, dass wir uns allein in ihm zu beklagen haben, wie es heißt (Lk 23,28): „Ihr Töchter Jerusalems, weint nicht über mich, sondern weint über euch selbst." Und wiederum (Offb 1,7): „Es werden trauern über ihn alle Völker der Erde." Und im Buch der Weisheit heißt es: „Hab Erbarmen mit deiner Seele, wenn du Gott gefallen willst; nimm dich in Acht, so sag ich dir, zunächst für dein eigenes Leben." Mit all diesen Worten scheint der Herr verbieten zu wollen, dass wir über ihn weinen, was natürlich gleichzeitig völlig richtig als Protest gegen ein kindisches und weibisches Klagen verstanden wird, wodurch die Menschen in fleischlicher Sentimentalität (= carnali affectu) Mitleid haben mit Christus, indem sie ihn als Heilmittel und als Hilfe zu ihrem Trost erstreben, nachdem sie sich selbst vergessen haben, und ohne Tränen über die eigene Situation zu vergießen. Durch solches Mitleiden mit ihm will er uns zum Leiden an uns selbst bewegen und zeigt uns darum auf diese Weise, dass er die fleischlich-sentimentale Klage nicht will, durch die der Mensch unter Absehung von sich selbst etwas anderes beklagt. Denn der empfindsame Mensch erblickt in jedem Übel und in jedem Elend, das ihm begegnet, mit Trauer zunächst sich selbst, fürchtend und wissend, dass er solche und noch größere Widerwärtigkeiten eigentlich verdient hätte. Aber in wem könnten wir uns noch mehr wiedererkennen und beklagen als in Christus? Nirgendwo, denn hier begreift der Mensch sein Elend dem Wesen, der Art und dem Ausmaß nach. Denn wenn für unser Elend jemand von solcher Art und Größe (talis ac tantus) leidet, d. h. der eingeborene Sohn Gottes in seiner unvergleichbaren Person, in seiner alles übertreffenden Unschuld und Würde, wenn also unser Elend nur unter Voraussetzung seiner unendlichen und unschätzbaren Person aufgehoben werden konnte, wer erschreckt und verzagt dann nicht angesichts der Erkenntnis der unendlichen und ewigen Größe seines Elends? So gerät denn der Mensch, wenn er sich selbst beim Lesen der Leidensgeschichte in Christus entdeckt, in große Gewissenspein und Trauer. Darum ist es denn auch als Regel zu bemerken und in liebender Erinnerung festzuhalten: Was immer Christus angetan wird – es sind Wunden und Übel, die uns durch den Teufel und die Sünde angetan werden in der Seele, und sie bedeuten ewige Übel, sofern sie uns durch Gottes Gericht erneut angetan werden. Zweitens aber sollen wir dies begreifen: Worin immer Christus von den Juden schuldlos verklagt wird, darin werden wir von den Dämonen vor Gott dem Gewissen nach mit Recht verklagt. Und von dieser schrecklichen Anklage werden wir nicht anders befreit als durch das Unrecht der gegen Christus erhobenen Anklage. Darum erkenne in den Juden die Dämonen, in Christus aber den alten Menschen aus Adam, die in Sünden geborene und lebende Seele; und im Gericht des Pilatus erkenne Gottes Gericht. Deshalb wirst du angeklagt, du elende Seele, weil du dich zum Sohne Gottes gemacht hast, weil du das Volk verführst durch das Verbot, den Zinsgroschen zu zahlen, weil du dich zum König machst, fluchst und ein Verbrecher bist, und weil all dies denn auch wirklich zutrifft für jeden Menschen, der außerhalb von Christus lebt. Was also wirst du den dich so bedrängenden Anklägern entgegenhalten? Du wirst weinen und anerkennen, dass ihre Klage wahr ist. Dann aber schaue auf Christus, der all dies als Unschuldiger für dich erlitten und hingenommen hat. Und dann sage deinen Anklägern: „Ich gestehe, dass die Anklage wahr ist, dass ich mich zum Sohne Gottes gemacht habe etc. Aber all diese Vorwürfe sind durch Christus widerlegt." Schon sind sie null und nichtig, weil sie in Christus keinen Bestand haben, obgleich sie alle in seinem Leben begegnen. Und durch diesen Glauben wirst du gerettet sein, wenngleich nur unter der Bedingung, dass du dich immer als den anerkennst, zu dem dich Christus macht, und dass du so im wahren Glauben ständig von dir zu ihm fliehst, aus der Einsicht, dass all das Deine in ihm versinkt und vernichtet wird.

Wie also Christi Passion zu betrachten ist

Es besteht keine Notwendigkeit für den Menschen, dass er Christus in dessen Passion bedauert. Notwendig ist allein, dass er sich selbst in Christus beklagt. Denn wie unser heiliger Vater Augustinus sagt, ist die Passion Christi für uns nicht allein

Beispiel, auf dass wir seinen Fußspuren folgend auch in uns die irdischen Glieder kreuzigen, sondern sie ist zugleich Sakrament und Geheimnis. Unter diesem Gesichtspunkt aber besagt sie, dass Christus durch sein zeitliches und körperliches Leiden die uns zufallende geistliche und ewige Passion des alten Menschen besiegt und gekreuzigt hat. Deshalb ist es von großem Nutzen, die Passion Christi zu hören, zu lesen oder zu betrachten. Und zwar muss dies aus der inneren Einstellung geschehen, als ob du selbst dasselbe Leiden in und mit Christus zu erleiden hättest. Wenn du also hörst, dass Christus gegeißelt oder durchbohrt wird, dann denk daran, dass dies geistlicherweise deine Geißelung und Durchbohrung bedeutet. Wie es also dir – sofern du ein geistig gesunder Mensch bist – wehe tut, dass du geistlicherweise vom Tod der Sünde und vom bösen Geist gequält wirst, so schmerzt es Christus mit noch größerer Pein, dies in seiner Passion um deinetwillen erleiden zu müssen. Denn du leidest verdientermaßen, während Christus um deinetwillen und unschuldig nicht seine, sondern deine Sünden trägt. In diesem Sinn vertraute der Schächer am Kreuz auf Christi Leiden. So erlerne auch aus dem leiblichen Leiden Christi die Erkenntnis deiner geistlichen Passion und deiner selbst. Denn Christus hat in seinem Leiden die Person unserer Sünden auf sich genommen. Darum müssen wir in unseren Herzen so vor Gott erscheinen, wie er selbst für uns vor den Menschen erschienen ist. Und wie er um unsertwillen geklagt hat, so müssen wir uns um seinetwillen beweinen – ganz wie er den Frauen gesagt hat (Lk 23,28): Weinet nicht über mich, sondern über euch und eure Kinder. Wer also sich selbst nicht begreift und findet in Christi Passion, der hat dieselbe nicht genügend erkannt und der leidet vergeblich mit Christus, auch wenn er an seiner Stelle leidet. Denn er hat aus Christi Passion nicht gelernt, Mitleid mit sich selbst zu haben. Also hat Christus für dich geweint ... und gelitten, damit du endlich lernst, vor Gott deine eigene Passion und dein eigenes Elend zu beklagen. Denn indem du dich vor Gott mit Recht als Sohn des Todes erkennst, sollst du weinen, bis du für immer befreit wirst. Wenn du also so dein eigenes Elend wirksam in Christi Leiden wiedererkennen würdest, dann wäre dir die Demut, Langmut, Güte und Welt-Verachtung und alles Übrige leicht. Denn du würdest gern Christus in all seinen Leiden nachfolgen. Wer nämlich würde nicht weinen wollen, wenn er sieht, wie groß sein Elend ist und dass dafür eine ewige, unendliche und unschuldige Person leiden musste? Denn so schrecklich es anzuhören ist und so wenig es uns verwundert, dass jemand von uns darüber fast in Verzweiflung gerät, so geschieht es andererseits, dass er bei der Betrachtung einer solchen Barmherzigkeit das große Erbarmen Gottes als Trost erfährt, durch den niemand in Gott an seinem Heil verzweifeln muss. Denn wenn Gott für uns seinen Sohn dahingegeben hat, dann hat er für uns in ihm alles dahingegeben. Wenn du deswegen also in deinem Gewissen und vor Gott zur Anklage, zur Strafe und zum Tode gerufen bist, dann bekenne und beklage, dass du das Ganze verdient hast. Gleichzeitig aber schaue auf Christus, der all dies unschuldig und unverdient erleidet, was dir allein zum Trost gereiche.

WA 1, 336ff

Über das Leiden Christi II

1518

„Du bist der Schönste unter den Menschenkindern, denn Gnade ist ausgegossen über deine Lippen“ (Ps 45,3). Im Hebräischen steht für das Wort „der Schönste“ die Wendung „zweimal schön“, womit der Psalmist das Übermaß an Schönheit meint, gleichsam als ob er sagen wolle: „In dir ist die Schönheit schön oder erlesen. Mag es auch Schönheit in anderen geben – in dir ist die Schönheit am schönsten. Ja, an anderen ist die Schönheit hässlich, an dir aber ist die Schönheit schön – und zwar so sehr, dass selbst die Hässlichkeit an dir schön ist. Ja, dies ist eine wunderliche Sache, dass das, was an anderen als hässlich erscheint, in dir schön ist. So übermächtig ist an dir die Schönheit ... Was also ist merkwürdiger als dies, dass Spucke, Striemen, Todesblässe, Blut, Wunden und was sonst ganz und gar abstößt, an dir zur schönen Gestalt beiträgt.“

Wenn wir dies verstehen wollen, ist zu bemerken, dass die Schrift beides vorausgesagt hat, d. h. die größte Schönheit und den Abgrund der Hässlichkeit. So sagt schon der Prophet Jesaja (Jes 53,2): Er hatte keine Gestalt noch Schönheit. Darum muss man es also verschieden verstehen: Denn mit den Augen des Fleisches gesehen, erscheint er als der letzte und verächtlichste aller Menschen, und so redet die Schrift, wenn sie ihn als den verkündet, der als der Verworfene ohne Gestalt sein wird. Gleichzeitig aber gibt es für die geistlichen Augen nichts Schöneres als ihn. Ihn aber können die Augen des Fleisches und die Seelen, denen nur das Fleischliche schmeckt, ganz einfach nicht sehen. Und so ist er wirklich der Schönste unter allen Menschenkindern gewesen. Worin aber besteht dann jene Schönheit und Gestalt? Antwort: Es ist Weisheit und Liebe, ja Licht für den Verstand und alle Kraft für das Gemüt. Denn in dem leidenden und sterbenden Christus erstrahlt alle Weisheit und Wahrheit, mit denen ein Verstand nur geschmückt sein kann. Alle Schätze der Weisheit und des Wissens sind nämlich in ihm verborgen (vgl. Kol 2,3). Und verborgen sind sie darum, weil sie nur den mystischen und geistlichen Augen sichtbar sind, und weil in diesem Schatz auch der Quell allen Lichtes und die Liebe sind, die den Schmuck des Gemütes ausmachen. Und so sagt der Apostel um beider Dinge willen im 1. Brief an die Korinther (1 Kor 1,30), dass Christus uns gemacht ist zur Liebe für unser Gemüt und zur Weisheit Gottes für den Verstand, während er den Juden ein Ärgernis ist für ihr Herz und den Heiden eine Torheit für ihren Verstand. Stell dir also die Gerechtigkeit vor, wäge ab alle Schönheit und Gestalt, die du dir vorstellen kannst an einem Ort – lass Zusammenkommen auf einen Haufen alle Weisheit, Wissenschaft und Kunst und alles, was den Verstand nur zieren kann, und gleichzeitig alle Tugenden wie Demut, Hoffnung, Glaube, Liebe, Sanftmut, Gerechtigkeit, Barmherzigkeit, Frieden, Geduld, Bescheidenheit und alles, was das Gemüt auszeichnen und erfreuen kann. So würde auch das Volk von einem gelehrten und heiligen Mann sagen: „Das ist ein feiner Mann, hier ist ein schöner Mann“, d.h. fein durch die Schönheit seiner Wissenschaft und Heiligkeit; umgekehrt aber würde man im Volke sagen: „Das ist eine scheußliche Hure!“

Wenn also dieses Wunschbild als schönes Schauspiel zu sehen wäre, dann lasst uns die Augen unseres Herzens öffnen und es anschauen. Seht da, wie Gott all das in einem kurzen Wort (in uno verbo abbreviato) vollendet hat, auf dass es für uns sei ein wahrhaft abkürzendes und vollendendes Wort. Denn all dies ist hier nicht mit toten Buchstaben und Figuren wie in den Büchern gemalt und geschrieben, sondern bis zum kleinsten Detail in realistischen Zeichen. Denn hier bedeuten die Buchstaben so viele einzelne Tugenden, wie der Herr Blutstropfen verloren oder Scheltworte und Schläge erlitten hat. Denn in jedem von ihnen wird dir wie durch Zeichen oder Buchstaben oder durch ein ganzes Wort Demut, Milde, Liebe und Geduld bedeutet. Unterscheide also die Einzelheiten und lerne darin zu lesen. Was mag es bedeuten – um vorerst alle gelehrten und prophetischen Auslegungen zu übergehen –, dass er Blut schwitzt? Doch wohl seine allerhöchste Liebe zu dir, sowie seine Demut und Geduld, sein Erbarmen und seine Gerechtigkeit, sein Frieden und sein Heil. Und was bedeuten die Backenstreiche ..., das Blut bei der Geißelung, Dornenkrönung und Annagelung, (wenn nicht wiederum) den Gipfel der Liebe? ... Für das rechte Verständnis aber bedeutet es nichts anderes als dies, dass du deiner Lektüre entsprechend Ähnliches dem Leibe und dem Geiste nach erleiden sollst. Darum sollen wir, wie ich gesagt habe, die geistlichen Augen auftun und so die Schönheit aller Tugenden an Christus ablesen. Ist sie uns doch mit genugsam klaren, lebendigen und ausdrucksvollen Lettern, Zeichen und Merkmalen gemalt und vorgestellt. Denn wenn zu unserer Zeit die Liebe so erkaltet und alle Tugend der Christen so hinfällig geworden ist, und alle Weisheit ständig abnimmt, so dass es finster wird wie in Ägypten, dann kommt dies davon, dass wir nicht mehr zu dieser Urgestalt der Schönheit Christi zurückgehen, wo wir schauen und belehrt werden, sofern sie ganz und gar in Vergessenheit geraten ist. Denn wie die Betrachtung des Leidens Christi viele Früchte hervorbringt, so entstehen umgekehrt ohne Zweifel viele Nachteile, wenn wir sein Leiden vergessen. Solche Früchte findest du, etwa in erbaulichen Schriften wie dem ‚Rosetum' (= Rosetum exercitiorum spiritualium et sacrarum meditationum, Basel 1504) und in anderen Büchern.

Dabei ist anzumerken, dass die Hl. Schrift uns vor allem ermahnt, in der Leidensgeschichte auf die Liebe zu achten. Denn wenn Christi Fleischwerdung und sein Leiden uns insgesamt für unser Gemüt und die Bildung des Verstandes zur Betrachtung empfohlen ist, so gilt dies doch in umfassendster Weise für die Erkenntnis und Betrachtung der Liebe Gottes zu uns, wie sie uns durch die Schrift in hinreißenden Bildern dargeboten wird. In diesem Sinn heißt es bei Johannes (Joh 3,16): „So sehr hat Gott die Welt geliebt ...", oder: „Niemand hat eine größere Liebe als der ..." (Joh 15,13). Und der Apostel spricht (Eph 2,4) von seiner alles übersteigenden Liebe. Im Brief an die Galater (Gal 2,20) aber sagt er: „Der mich geliebt und sich für mich dahingegeben hat". Und so heißt es schon bei Jeremias (Jer 31,3): „Mit ewiger Liebe habe ich dich geliebt." Darum ist in der Passion vor allem der Affekt der Liebe zu üben und zu stärken, indem wir alle Übel und Gleichnisse darauf anwenden. Stellt euch z.B. vor, ein reicher, vornehmer, weiser und mächtiger Vater hätte einen Sohn (so nämlich musst du dich in das Empfinden des Vaters und schließlich auch des Sohnes versetzen!), der nun in die Lage käme, deinem Feind Antwort geben zu müssen – und zwar einem Feind, der seinerseits übersieht oder nicht weiß, wie sehr du schon in Liebe engagiert bist. Es geschieht ja leicht unter den Menschen, dass man den Undankbaren gegenüber eine Wohltat besonders herausstreicht.

Corollarium

Solche Betrachtungen sind oft nützlicher als Gebete und andere Unternehmungen. Der Grund liegt darin, dass sie den Affekt mehr vollenden. Da dies aber der wichtigste von allen Affekten ist (sofern er und die Liebe zu Gott alles andere wie selbstverständlich lehrt, weil die Salbung über all das Aufschluss gibt, was geschieht, wenn du glaubst, er habe all dies für dich allein getan!), musst du betrachten, wie es der Apostel, die selige Jungfrau oder der greise Simeon getan haben. Denn wenn du glaubst, dass es nicht dir, sondern nur für andere geschehen ist, dann hast du ihn schon verleugnet. Denn du bist durch sein Kreuz gezeichnet und trägst seinen Namen und sein Zeichen an dir.

Die Lehre daraus

Die Betrachtung seines Leidens ist in höchstem Maße lobenswert. Das bezeugt die Braut im Hohenlied so gut wie der Dulder Ijob. Denn er ist der Freund, der durch das Kammer-Fenster schaut; und sein ist das Blut des Lammes an den Türpfosten der Kinder Israels; sein auch die scharlachfarbenen Lippen, die blühenden Wangen, die Haare von königlichem Purpur und das Zeichen über dem Herzen. Darum beschwöre auch ich euch, dass ihr heute und in diesem Jahr aus dieser Predigt allein dies behaltet, dass ihr euch daran gewöhnt, immer auf Christus zu schauen und seine Liebe hochzuschätzen, indem ihr ihm wenigstens einmal täglich dafür dankt. Denn wahrlich, je geringer die Schönheit und je größer die Hässlichkeit, und je unwürdiger das Leiden, umso größer und wunderbarer ist das Geschenk seiner Liebe, mit der er all dies für uns auf sich nimmt. Und dies soll nun ein jeder aus seinem eigenen Empfinden schätzen lernen, dergestalt: Wenn es schon große Liebe ist, sein Erbe für jemand hinzugeben, um wie viel größer muss die Liebe sein, die mit dem eigenen Leib für den anderen eintritt. Hier aber seht, wie unser Herr, der Schöpfer aller Dinge, für uns das Letzte aushält und sich selbst dahingibt. Wahrlich, Gott hat mehr an uns getan, als wir uns ausdenken können. Ist doch all dies von unschätzbarem Wert. Wie schrecklich ist darum unsere Undankbarkeit! Wie verdammungswürdig unser Vergessen! Wie fluchwürdig die Verachtung solcher Barmherzigkeit! So lass dich wenigstens durch das Wort des Apostels im Römerbrief, „seines eigenen Sohnes hat er nicht geschont" (Röm 8,32), im Herzen berühren und spüre wenigstens einen Funken seiner göttlichen Liebe. Wenn du einen eigenen und einzigen Sohn hättest, weise, gut und über alles geliebt, und wenn du ihn um eines elenden, fremden und in deiner Schuld stehenden Knechtes willen doch nicht verschonen würdest, indem du ihn zu dessen Erlösung sendetest und ihn sogar den Tod erleiden ließest, würdest du dann Geduld üben mit der Undankbarkeit, die jener Knecht deinem und deines Sohnes großem Einsatz entgegenbringt? Wie aber wird sich dann deiner Meinung nach der höchste Gott und sein Sohn verhalten?

Weiter ist zum rechten Verständnis der Passion anzumerken: Wie wir hier im Erweis der Liebe Gott erkennen lernen, so lernen wir gleichzeitig hier uns selbst kennen. Diese beiden Stücke leuchten hier am hellsten. Denn jene herrliche Schönheit der Gestalt, die in ihm aufstrahlt, ist sein Eigen und er offenbart sich uns in ihr. Aber die Hässlichkeit und das Leiden, die gleichfalls in ihm sind, gehören uns und geben uns Kenntnis von uns selbst. Denn es erweist sich, dass wir innerlich und dem Geiste nach das sind, was er äußerlich und dem Leibe nach erträgt. Denn das unsere nimmt er auf sich, damit er das seine uns zum Geschenk mache. Wahrlich, unsere Schmerzen hat er getragen (Jes 53,4). So hast du hier einen unfehlbaren Spiegel deiner selbst (wärest du nämlich innerlich nicht so, dann hätte er solches nicht oder vergeblich auf sich genommen!). So sollst du also wissen, dass du von deinen Sünden her so entstellt bist durch alle Hässlichkeit und so gänzlich zermartert, wie du es an ihm siehst. Deshalb weine, klage über ihn, und traure über dich selbst ... Denn es reicht nicht aus, den Schmerzensmann absolut und für sich selbst zu betrachten, sondern wir sollen ihn als Beispiel begreifen, Gottes Liebe daran ermessen und Selbst-Erkenntnis daraus schöpfen. Deshalb spricht St. Petrus (1 Petr 4,1): So wappnet euch mit demselben Sinn, oder im Hebräerbrief (Hebr 12,13) heißt es: Denkt an den zurück, der solchen Widerspruch von den Sündern erduldete.

Dabei müssten wir – wollten wir der verschiedenen Würde der Person Rechnung tragen – tausend und abertausend Mal mehr als er aushalten, weil er Gott, wir aber nur verfaulender Dreck sind. So verhält es sich nun umgekehrt: Der es da tausend und abertausend Mal weniger nötig gehabt hätte, hat tausend und abertausend Mal mehr als wir ertragen, damit er uns ganz und gar demütige und uns zu letzter Geduld verhelfe. Denn wir sollen wissen, was immer wir an Demütigung und Leid hingenommen haben, es kommt nicht annähernd, ja überhaupt nicht an seine Demut und an sein Leiden heran, sofern sich das Endliche nicht mit dem Unendlichen vergleichen lässt. Und so verhält es sich auch mit allen anderen Tugenden. Wer also könnte wissen, dass ein Mensch, der dem Fleische nach einen blühenden Eindruck macht in seinem Reichtum und seiner Macht, in der Seele so arm und so hässlich ist, wenn nicht Gott uns dies durch ein Beispiel an sich selbst offenbarte – damit das, was niemand wissen konnte, wenigstens durch den Glauben bekanntgemacht werde. Denn nur durch den Glauben kann erkannt werden, dass dies das Elend der Seele sei, das er selbst in seiner Leidensgeschichte gezeigt habe, wie Jesaja (53,4) erklärt: „Wahrlich, er lud unsere Schmerzen auf sich ..." Auf die gleiche Weise kannst du in ihm auch den Lohn erkennen. Denn Tugend ist Lohn, und Sünde ist Strafe. Denn wenn das unschuldige grüne Holz dies erduldet, was wird dann erst mit dem trockenen geschehen? Gleicherweise unendlich ist der, der leidet, und das, was erlitten wird. Also ist das, was andere erleiden werden, in nichts weniger unendlich. Dasselbe gilt von seinem Lohn.

Die Schrift ermahnt uns dabei mehr zum affektiven Nachvollzug des Leidens Christi als zu dessen intellektueller Erfassung. Denn der affektive Nachvollzug wird uns alles lehren, wie geschrieben steht (1 Joh 2,27): „Die Salbung wird euch alles lehren." Die „Salbung" aber ist nichts anderes als das Öl des Affekts, von dem auch der Heilige Geist redet. Auf diese Weise nämlich bringt uns der Geist in die Erinnerung, was Christus uns gelehrt hatte. So ist Christus die Macht, die Weisheit, die

Wahrheit und das Wort; aber auch der Tröster-Geist ist notwendig, sofern er uns das Wort, die Wahrheit und die Weisheit im Herzen spürbar macht, was die Salbung bewirkt. Darum gibt es in Christus immer wieder Affekte, durch die man wächst, und ohne die der Verstand, irgendwann der Langweile erlegen, ganz einfach abnehmen müsste. Um es durch ein Beispiel zu sagen: Wenn du heute siehst oder hörst, dass ein Mensch völlig unschuldig ermordet worden ist, dann wird dies dein Gemüt gewiss bewegen. Wenn du aber darüber hinaus erfährst, dass der Ermordete ein sanfter und aufrechter Mensch war, dann wirst du weit mehr bewegt werden. Und deine Anteilnahme wird sich weiter steigern, wenn du erfährst, dass der Umgebrachte sehr gelehrt, unersetzlich, vornehm und von königlichem Geblüt war, und dass er für dich umgebracht wurde, obgleich er diesem Geschick leicht hätte entgehen können. Wenn du so immer wieder stets Neues von ihm erfährst, dann wird deine Zuneigung von selbst zu Bewunderung und Liebe entflammen. So sind auch hier in Christus solche Unendlichkeiten verborgen (die uns erschlossen werden müssen). Dies gilt von der unendlichen Würde seiner Person, die so unendlich ist, dass sie nicht nur den Heiligen in diesem Leben, sondern allen Engeln und Seligen in Ewigkeit immer wieder neu, wunderbar und staunenerregend erscheint, genau wie von seiner unendlich liebenswürdigen Liebe. Niemals kann die Bewunderung dieses Leidens die Tiefe seiner Bedeutung intellektuell ausschöpfen, weil niemand die Bewunderung für die Person, die gelitten hat, zu erschöpfen vermochte. Immer wieder blieb etwas, das den Augen neu erschien und uns zu dem Ausruf veranlasst: „Siehe da, wie geartet und wie groß der ist, der für mich gelitten hat – und zwar immer wieder neu aus anderen Gründen“ und so ohne Ende. Darum kann denn auch der Intellekt es nicht fassen und weder die Sprache noch der Buchstabe es zum Ausdruck bringen. Allein der Affekt vermag zu erfassen, was es mit dem für uns gelitten habenden Christus (= Christus passus) auf sich hat: Alles nämlich zieht das Unendliche in sich hinein.

Wenn du dich in einem bestimmten Punkt demütigst oder milde und geduldig bist, dann bewundern dich die fleischlich denkenden Menschen, und vielleicht bewunderst du Dummkopf dich sogar selbst. Wenn du jedoch dann an Christus denkst, spürst du unmittelbar, dass selbst deine größte Demut und Geduld nichts sind. Warum? Weil eben deine Geduld verglichen mit der seinen nichts ist. Das ist übrigens schon unter Menschen so. Denn wenn ein Bettler einen Bettler auf den Armen trägt oder wäscht, dann ist dies vielleicht etwas. Wenn jedoch ein König oder Fürst dasselbe, ja etwas Geringeres täte, dann urteilten alle schnell und richtig, dass die Frömmigkeit des Bettlers nichts sei, während die Frömmigkeit des Fürsten zählt, selbst wenn er nur ein geringeres Werk getan hätte. Um der Würde seiner Person willen findet man sein frommes Werk erstaunlich und wunderbar. Und so liegt also hier die Wurzel aller wahren Demut, d. h. indem du dich mit Christus, mit seinen Verdiensten und Leiden vergleichst, wirst du sofort erkennen, dass du nichts aufzuweisen hast, selbst wenn du über die Verdienste aller Heiligen verfügtest. Denn – wie ich schon einmal gesagt habe – das Endliche lässt sich nicht mit dem Unendlichen vergleichen.

Von daher aber wird dann unser Vertrauen groß, unsere Hoffnung wächst, und es gibt keinen Grund mehr zur Verzweiflung. Denn ein einziger Tropfen seines Blutes oder auch nur ein Teil von ihm reicht für mich aus für alle meine Sünden – um wie viel mehr das ganze Leiden! So werde ich nicht in Verwirrung geraten, sagt St. Augustin, wegen meiner Sünden, weil ich der Wunden des Herrn gedenke. Wehe denen, die verzweifeln und dem Irrtum verfallen, ein solcher Preis reiche für sie nicht aus. Wehe aber auch den Elenden, die im Vertrauen auf diesen Preis aus Vermessenheit sündigen.

So sollst du aus Christi Passion erkennen, was es mit der Welt auf sich hat. Denn wie ihre Vertreter mit Christus umgingen, geht sie mit Gottes Macht und Gerechtigkeit um. Darum bestreitet Christus mit Recht vor Pilatus, dass sein Reich von dieser Welt sei, weil die Welt zum Herrschaftsbereich seiner Feinde gehört, wie in seiner Passion deutlich wird. Dafür aber ist ihm gesagt (Ps 110,2): „Du sollst herrschen inmitten deiner Feinde." Und so sagt er selbst zu den Seinen (Joh 15,16f): „Wenn die Welt euch hasst, dann sollt ihr wissen, dass sie mich vor euch gehasst hat. Wenn ihr aus der Welt wäret, dann würde die Welt lieben, was zu ihr gehört. Nun aber gilt: Weil ihr nicht aus der Welt seid, ich aber euch aus der Welt ausgewählt habe, deswegen hasst euch die Welt." So hast du also hier den allerbesten Spiegel, aus dem du ersehen magst, was die Welt und was viele andere Dinge sind.

Desgleichen müssen wir wissen, dass wir uns die ganze Passion Christi hindurch auf Christus auszurichten haben, wie er selbst stets auf uns ausgerichtet ist. So war er denn auch niemals ungehalten über die, die auf ihn geschaut haben. Er hat vielmehr deswegen für sie gelitten und war gewillt – wo immer dies möglich erschien –, sie zu fördern und zu schützen. Das ergibt sich zunächst daraus: Hätte er damals nicht für jene Menschen gelitten, dann hätte er es auch für uns nicht getan.

Denn die Menschen damals waren Diener der Sünde, so dass – wenn unsere Sünden nicht gewesen wären – er von ihnen nichts erlitten hätte. Das ergibt sich zweitens aus der Tatsache, dass er am Kreuz für sie gebetet hat: „Vater vergib ihnen, denn sie wissen nicht, was sie tun" (Lk 23,34). Dies aber hat Jesaja (Jes 53,12) vorausgesagt, wenn es bei ihm heißt: „Und er hat für die Gesetzesübertreter gebetet, damit sie nicht verloren gingen." Drittens ergibt es sich daraus, dass er ihnen für ihr Leben Verzeihung ihrer Sünden gewährte, indem er durch das Amt der Apostel seine Verheißung wahr machte. Denn wenn er ihnen in seiner Passion Feind gewesen wäre und sie gehasst hätte, dann hätte er sich später nicht so sehr gemüht, sie durch die Predigt der Apostel zu retten. Viertens gehört die Autorität des Petrus-Wortes hierher, der 1 Petr 2,22 erklärt: „Da er leiden musste, drohte er nicht." Also litt er in höchster Demut und Sanftmut. Zwar beschuldigt der Geist dieses Hohen Priesters auch den damaligen Hohen Priester (vgl. Mt 24,64). Aber wenn diese Worte scheinbar auch hart sind und wenn die Voraussage seiner Wiederkehr auf den Wolken des Himmels auch nicht gerade demütig klingt, so sind diese Worte nicht nur Drohungen, sondern Warnungen, sich endlich zurückzuhalten ...

WA 1, 340ff

Betrachtung des heiligen Leidens Christi

1519

Zum Ersten bedenken etliche das Leiden Christi also, dass sie über die Juden zornig werden, singen und über den armen Judas schimpfen, und lassen es damit genug sein, gleich wie sie gewohnt sind, andere laut zu verklagen, ihre Widersacher zu verdammen und ins Gerede zu bringen. Das heißt nun wirklich nicht Christi Leiden, sondern die Bosheit des Judas und der Juden zu bedenken.

Zum anderen haben etliche angezeigt mancherlei Nutz und Frucht, so aus der Betrachtung der Leiden Christi kommen sollen. Dazu bedienen sie sich eines Spruches, der St. Albert zugeschrieben wird und der besagt, dass es besser sei, Christi Leiden einmal ganz oberflächlich zu bedenken, als ein ganzes Jahr zu fasten oder alle Tage einen Psalter zu beten. Dem Spruch folgen sie blind und geraten so wider die rechte Frucht des Leidens Christi, die sie darin suchen. Darum tragen sie mit sich Bildlein und Büchlein, Brief und Kreuz, und die, welche auf große Fahrt gehen, meinen, dass sie sich damit vor Wasser, Eisen, Feuer und allen möglichen anderen Gefahren gesichert haben …

Zum Dritten haben sie ein Mitleiden mit Christo, ihn zu beklagen und zu beweinen wie einen unschuldigen Menschen, so wie die Weiber, die Christo von Jerusalem nachfolgten, getan haben und von ihm getadelt wurden, sie sollten lieber über sich selbst und über ihre Kinder weinen. Der Art sind alle, die mitten in der Passion weit ausgreifen und von dem Abschied Christi von Bethanien und von der Jungfrau Marien Schmerzen viel zu erzählen wissen und damit doch auch nicht weiterkommen.

Daher kommt es, dass die Passionsliturgie viele Stunden dauert, weiß Gott, ob dies mehr zum Schlafen oder zum Wachen erdacht ist. In diese Rotte gehören auch diejenigen, die erlernt haben, welch große Früchte die Heilige Messe mit sich bringt, und in ihrer Einfältigkeit achten sie es für genug, dass sie die Messe hören, dahin man uns auch führt durch etliche Lehrersprüch, dass die Messe opere operato, non opere operantis, also von sich selbst und ohne unser Verdienst und Würde angenehm sei, gerade als ob das genug wäre, so doch die Messe nicht um ihrer eigenen Würdigkeit eingesetzt ist, sondern um uns würdig zu machen, um das Leiden Christi zu bedenken. Denn wo das nicht geschieht, macht man aus der Messe ein unleidlich unfruchtbar Werk, es sei in sich selbst so gut, wie es will. Denn was hilfts dir, dass Gott Gott ist, wenn er nicht dir ein Gott ist? Was nutzt es, dass Essen und Trinken in sich selbst gesund und gut ist, wenn es nicht dir gesund ist ...

Zum Vierten. Die aber bedenken das Leiden Christi recht, die ihn all so ansehen, dass sie im Herzen davor erschrecken und ihr Gewissen verzagt. Das Erschrecken soll daher kommen, dass du siehst den gestrengen Zorn und unwandelbaren Ernst Gottes über die Sünde und die Sünder, dass er auch seinem einzigen allerliebsten Sohn die Sünde nicht hat wollen vergeben, er täte dann für sie eine solch schwere Buß, wie er spricht Jesaja 53,5: „Um der Sünde meines Volkes willen habe ich ihn geschlagen." Was wollen da die Sünder tun, wenn das liebste Kind also geschlagen wird? Es muss ein unaussprechlicher, unerträglicher Ernst da sein, dem eine so unermessliche Person entgegengeht und dafür leidet und stirbt. Das wird noch deutlicher, wenn du recht tief bedenkst, dass es Gottes Sohn, die ewige Weisheit des Vaters selbst ist, die leidet ...

Zum Fünften. Dass du tief in dir begreifst und gar nicht daran zweifelst, dass du selbst der bist, der Christum also martert, denn deine Sünden habens gewiss getan. Also schlug und erschreckte St. Peter Apostelgeschichte 2,37 die Juden gleich wie mit einem Donnerschlag, dass er zu ihnen allen sprach: „Ihr habt ihn gekreuzigt", mit dem Erfolg, dass noch am selben Tag 3000 Juden erschreckt und zappelnd zu dem Apostel sprachen: „Oh, lieber Bruder, was sollen wir nun tun?" Drum, wenn du die Nägel Christi siehst durch seine Hände dringen, dann glaube sicher, dass dies dein Werk ist; wenn du siehst sein Dornenkron, dann glaube, es seien deine bösen Gedanken.

Zum Sechsten nun siehe, wo Christus ein Dorn sticht, da sollten dich billig mehr Dornen, hunderttausend Dornen stechen ..., wo Christo ein Nagel seine Hände oder Füße durchmartert, solltest du ewig solche und noch ärgere Nägel erleiden, wie denn auch geschehen wird denen, die Christi Leiden an sich lassen verlorengehen.

Zum Siebten. Einen solchen Schrecken nahm auch St. Bernhard daraus, dass er sprach: Ich meinte, ich wäre sicher, wusste nichts von dem ewigen Urteil, das im Himmel über mich ergangen war, bis ich sah, dass der einzige Gottessohn sich meiner erbarmt, herfürtritt und in dasselbe Urteil sich für mich ergibt. Ave, es ist mir nicht mehr zu spielen und sicher zu sein, wenn ein solcher Ernst dahinter ist. Also gebot er des Weiteren: Weinet nicht über mich, sondern über euch und eure Kinder. Und er fügt als Ursache hinzu: Das tut man also dem grünen Holz, was wird mit dem dürren geschehn? Als wollt er sagen: „Aus meiner Marter lernet, was ihr verdient und wie es euch gehen soll ..."

Zum Achten. In diesem Punkt muss man sich gar wohl üben, denn fast der ganze Nutzen des Leidens Christi daran gelegen ist, dass der Mensch zur Erkenntnis seiner selbst komme, vor sich selbst erschrecke und erschlagen werde. Denn wo der Mensch nicht dahin kommt, ist ihm das Leiden Christi noch nicht recht nützlich geworden. Denn das eigentliche natürliche Werk des Leidens Christi besteht darin, dass es sich den Menschen gleichförmig macht, dass wie Christus an Leib und Seel jämmerlich in unseren Sünden gemartert wird, müssen auch wir ihm gleich also gemartert werden im Gewissen von unseren Sünden. ...

Nimm ein Gleichnis: Wenn ein Übeltäter gerichtet würde darum, dass er eines Fürsten oder Königs Kind erwürgt hätte, und du doch sicher wärst, sängst und spieltest, als wärst du ganz unschuldig, bis man dich schrecklich angriffe und dich der Tat überführte ...

Also viel furchtbarer soll dir werden, wenn du Christi Leiden bedenkst, denn die Übeltäter, die Juden, wie sie nun Gott gerichtet und vertrieben hat, sind doch nur deiner Sünden Diener, und du bist wahrhaftig der, der durch seine Sünde Gott seinen eigenen Sohn erwürgt und gekreuzigt hat.

Zum Neunten. Wer sich so hart und dürr empfindet, dass ihn Christi Leiden nicht also erschreckt und ihn zur Erkenntnis führet, der soll sich fürchten. Denn dem Bild und Leiden Christi musst du gleichförmig werden, es geschehe in diesem Leben oder in der Hölle. Mindestens musst du im Sterben in das Erschrecken und Zittern fallen und alles fühlen, was Christus am Kreuz leidet. Nun ist es aber grausam, im Sterbebett darauf zu warten. Darum sollst du Gott bitten, dass er dein Herz erweiche und dass er es dir möglich macht, Christi Leiden fruchtbar zu bedenken. Denn es ist auch nicht möglich, dass wir Christi Leiden von uns selbst aus so gründlich bedenken, es sei denn, Gott senke sie in unser Herz ... Daher ist es denn auch gekommen, dass man, wie oben angezeigt, Christi Leiden nicht in rechter Weise betrachtete. Denn sie haben Gott nicht darum angerufen, sondern sie sind aus ihrem eigenen Vermögen vorgegangen und haben eigene Weisen der Betrachtung erfunden, ganz menschlich und ohne Frucht sind sie damit umgegangen.

Zum Zehnten. Wer also Gottes Leiden einen Tag, eine Stund, eine Viertelstund wirklich bedenkt, von dem wollen wir frei sagen, dass es für ihn besser sei, als wenn er ein ganzes Jahr fastet, alle Tage einen Psalter betet, ja, dass er hundert Messen höret. Denn solches Bedenken wandelt den Menschen wesentlich und gebiert ihn neu, wie es in der Taufe geschieht. Hier wirkt das Leiden Christi sein rechtes natürlich und edles Werk. Es erwürgt den alten Adam, vertreibt alle Lust, Freude und Zuversicht, die man haben mag von den Kreaturen. Hier geschieht dasselbe an uns wie an Christus, als er von Gott verlassen war.

Zum Elften. Weil denn solches Werk nicht in unserer Hand ist, so geschieht es, dass wir manchmal darum bitten und es doch nicht sofort erlangen. Dennoch sollen wir nicht verzagen oder davon ablassen ...

Zum Zwölften. Bis jetzt sind wir in der Marterwoche gewesen und haben den Karfreitag recht begangen. Nun kommen wir zum Ostertag und zur Auferstehung Christi. Denn wenn der Mensch auf diese Weise seiner Sünde gewiss geworden ist, und den Schrecken der Sünde an sich erfährt, muss man acht darauf haben, dass wir darüber nicht in Verzweiflung geraten, sondern wie die Erkenntnis der Sünde aus Christus geflossen ist, so muss man sie auch wieder auf ihn schütten und das Gewissen von ihr freimachen. Darum sieh zu, dass du nicht tust wie die verkehrten Menschen, die sich mit ihren Sünden im Herzen beißen und fressen und dannach streben, dass sie durch gute Werke oder Genugtuung hin und herlaufen oder sich mit Hilfe des Ablasses von der Sünde befreien, was unmöglich ist ...

Zum Dreizehnten. Du wirfst dann deine Sünde von dir auf Christus, wenn du fest daran glaubst, dass seine Wunden und Leiden deine Sünden seien, dass er sie trage und bezahle, wie Jesaja 53,6 sagt: „Gott hat unser aller Sünd auf ihn gelegt", und St. Petrus 2,24: „Er hat unsere Sünde an seinem Leib getragen auf das Holz des Kreuzes", oder St. Paulus (2 Kor 5,21): „Gott hat ihn gemacht zu einem Sünder für uns, auf dass wir durch ihn gerechtfertigt würden". Auf diese und dergleichen Schriftworte musst du dich doch mit ganzem Wagemut verlassen, und zwar umso mehr, je härter dich dein Gewissen martert. Denn wenn du dies nicht tust, sondern dir anmaßt, durch deine Reue und Genugtuung Ruhe zu finden, wirst du nimmermehr zur Ruhe kommen. Denn unsere Sünden sind uns viel zu stark und leben ewiglich, wenn wir sie allein in unserem Gewissen behandeln und nur in unserer Verantwortung sehen. Erkennen wir jedoch, dass sie auf Christus liegen und er sie überwindet durch seine Auferstehung, und wenn wir das kühn glauben, so sind die Sünden tot und zunichte geworden. Denn auf Christus können sie nicht bleiben, sie sind durch seine Auferstehung verschlungen ...

Zum Vierzehnten. Wenn du nicht glauben kannst, so sollst du, wie vorher gesagt, Gott darum bitten. Denn dieser Punkt ist auch allein in Gottes Hand ... Du kannst dich aber auch darauf einstellen, nicht mehr das Leiden Christi anzusehen (denn das hat nun sein Werk getan und dich erschreckt), sondern durch es hindurchdringen und ansehen sein freundlich Herz, wie voller Liebe es gegen dich ist, die ihn dazu zwingt, dass er dein Gewissen und deine Sünde so schwerlich trägt. Also wird dir das Herz gegen ihn süß und die Zuversicht des Glaubens gestärkt. Danach steig weiter durch Christi Herz zu Gottes Herz und siehe, Christus hätte dir die Liebe nicht erzeigen können, wenn es Gott nicht in ewiger Liebe hätte haben wollen, dem Christus mit seiner Liebe zu dir gehorsam ist. Da wirst du dann finden das göttliche gute Vaterherz und, wie Christus sagt, also durch Christum zum Vater gezogen. Dann wirst du endlich verstehen den Spruch Christi (Joh 3,16): Also hat Gott die Welt geliebt, dass er seinen einzigen Sohn dahingegeben hat ...

Zum Fünfzehnten. Wenn also dein Herz in Christus bestätigt ist und du nun der Sünde Feind geworden bist aus Liebe, nicht aus Furcht vor der Pein, so soll künftig das Leiden Christi auch ein Exempel deines ganzen Lebens sein ... Denn bis jetzt haben wir es bedacht als ein Sakrament, das in uns wirkt, auf dass wir leiden. Nun bedenken wir es, dass wir auch wirken, nämlich so:

So dich ein Wehtag oder ein Krankheit beschwert, denk daran, wie gering das sei verglichen mit der Dornenkron und den Nägeln Christi.

So du musst tun oder lassen, was dir widerspricht, denk daran, wie Christus gebunden und gefangen hin und hergeführt wird.

Ficht dich die Hoffart an, dann sieh, wie dein Herr verspottet und mit den Schächern verachtet wird …

Ficht dich Hass und Neid an oder suchst du Rache, dann denk daran, wie Christus mit vielen Tränen und lautem Rufen für dich und seine Feinde gebetet hat … Die heißen dann recht Christen, die Christi Leben und Namen also in ihr Leben ziehen, wie St. Paulus sagt: Die da Christus zugehören, die haben ihr Fleisch mit all seinen Begierden gekreuzigt (Gal 5,24). Denn Christi Leiden muss nicht mit Worten und dem Anschein nach, sondern mit dem Leben und wahrhaftig gehandelt werden. So mahnt uns St. Paulus (Hebr 12,3): Denkt an den, der einen solchen Widerstreit von den bösen Menschen erlitten hat, auf dass ihr gestärkt und nicht matt würdet in eurem Gemüt. Und St. Petrus (1 Petr 4,1): Wie Christus in seinem Leibe gelitten hat, so sollt ihr euch mit solchem Bedenken rüsten und stärken. Aber diese Betrachtung ist aus der Mode gekommen und selten geworden, obgleich doch die Epistel voll davon ist. Wir haben das Wesen in einen Schein verwandelt und das Leiden Christi allein auf die (Ablass-)Briefe und an die Wand gemalt.
WA 2, 136 ff

Von der würdigen Vorbereitung des Herzens für den Empfang des Sakraments der Eucharistie

1518

Zuerst ist es notwendig, dass du alle offenbaren Todsünden beichtest und bereust. Ich spreche von „offenbaren Sünden", weil die „geheimen" niemand kennen kann, wie es in Psalm 19,13 heißt: „Seine Vergehen, wer kennt sie schon?" etc.

Zweitens. Unter allen Todsünden aber leg vor allem ab den Neid, das Missfallen oder jede andere Verbitterung des Herzens gegen deinen Nächsten. Denn es widerspricht diesem Sakrament keine andere Sünde in ähnlicher Weise wie die Zwietracht. Ist diese doch das Gegenteil zu Namen und Sache dieses Sakraments. Der Name lautet nämlich Kommunion; und die Sache (= res sacramenti) ist die Einheit der Herzen, ähnlich wie der eine Glaube, die eine Taufe, der eine Herr, die eine Hoffnung, und überhaupt, dass allen alles gemeinsam ist. Dies findet auch seine Darstellung in den Gestalten des Sakraments, sofern darin die vielen Körner, nach Preisgabe der dem Einzelnen eigenen Verschiedenheit zu einem Brot verbunden sind. Dasselbe gilt von den vielen Trauben, die nach Preisgabe ihrer Verschiedenheit zu dem einen Wein geworden sind.

Drittens. Weil nach der Schrift (Spr 28,26) „ein Tor ist, wer auf sein eigenes Herz vertraut", da es keinen Menschen gibt, der nicht einen Schuldner hätte, wie St. Augustinus sagt, d.h. weil es keinen Menschen gibt, mag er dies bemerken oder nicht, der in vielen oder nur in einem nicht fände, was ihm missfällt: So sollst du also an deiner Bemühung verzweifeln. Denn du schaffst es einfach nicht, jede Bitterkeit gegen alle abzulegen. Geh also nach Christi Rat in deine Kammer (Mt 6,6) und bitte deinen Vater, dass er deiner Unkenntnis nicht gedenken möge und dass er durch seine Gnade wahr mache, was du aus eigenen Kräften nicht kannst, d. h. dass er dir ein Herz schenke, das allen gut ist und alles mit allen gemeinsam hat. Aber diese Vorbereitung ist als entfernte und weite Vorbereitung auch für das Beichtkind notwendig oder für jeden, der ein Sakrament empfangen will.

Daraus ergibt sich viertens: Es ist unerlässlich, dass deine Seele vor Gott leer und hungrig ist, d. h. dass du dich voll von vielen Übeln und Krankheiten bekennst, wie es der Wahrheit entspricht, wenngleich du es selbst nicht spürst. Denn – wie der hl. Augustinus sagt – ist dieser Speise nichts so sehr zuwider wie ein satter, mit Ekel reagierender Bauch. Nichts sucht diese Speise umgekehrt so sehr wie eine hungrige Seele, im Sinne des Herrenwortes (Mt 5,6): „Selig, die hungern nach der Gerechtigkeit, denn sie werden gesättigt werden." Dasselbe sagt die selige Jungfrau, wenn sie singt (Lk 1,53): „Die Hungernden erfüllst du mit Gütern, die Reichen aber lässt du leer ausgehen." Oder Psalm 107,9: „Die leere Seele hast du gefüllt und die hungernde satt gemacht mit allen Gütern." Die Güter aber, um die es geht, sind sie andere als die vom Apostel im Brief an die Galater namhaft gemachten? „Früchte des Geistes", so betont Paulus (Gal 5,22), „sind Liebe, Freude, Friede, Geduld, Güte, Großzügigkeit, Langmut, Bescheidenheit, Enthaltsamkeit und Keuschheit." Wenn du spürst, dass diese Früchte dir fehlen, und wenn du dich nach ihnen sehnst, dann tritt mit Sicherheit hinzu: Denn du wirst sie nirgendwo finden, es sei denn in diesem Sakrament.

Corollarium I

Die beste Vorbereitung ist keine andere als die, durch welche du am schlechtesten disponiert bist, und umgekehrt. Dann aber bist du am schlechtesten disponiert, wenn du aufs Beste disponiert zu sein glaubst. Das ist folgendermaßen zu verstehen: Wenn du dich ganz elend und der Gnade bedürftig fühlst, dann bist du gerade dadurch für die Gnade fähig (= capax gratie) und in maximaler Weise geeignet (für den Empfang der Eucharistie). Umgekehrt fürchte niemals mehr Tod und Hölle, als wenn du so zum Altare trittst, dass du dir selbst als vorbereitet und würdig vorkommst, indem du Gott gleichsam das reine Herz präsentierst, das du doch erst suchen und empfangen sollst. Denn unauflösbar fest steht der Satz (Mt 9,12): „Nicht die Gesunden, sondern die Kranken bedürfen des Arztes." Denn genau wie damals, so kommt auch Christus jetzt nicht, um die Gerechten zu berufen; sondern die Sünder beruft er zur Buße. Darum wird die Buße eher nach als vor dem Empfang des Sakraments würdig vollzogen. Denn dein Gott bedarf deiner Güter nicht, sondern er kommt in dich und zu dir als Geber seiner Gaben.

Corollarium II

Es ist ein großer und gefährlicher Irrtum, wenn jemand im Vertrauen darauf zum Sakrament hinzutritt, dass er gebeichtet hat, dass er sich keiner Todsünde bewusst ist, und dass er die vorbereitenden Gebete verrichtet hat. Alle, die so denken, essen und trinken sich das Gericht, weil sie durch all das weder würdig noch rein werden, sondern weil sie sich umgekehrt durch ein solches Vertrauen auf Reinheit noch mehr beschmutzen. Rein aber werden sie durch den Glauben, wie gleich zu zeigen ist.

Fünftens. Darum aber sollst du dich sorgen, dass du mit vollem oder wenigstens ehrlichem Glauben hinzutrittst und ganz sicher darauf vertraust, du werdest Gnade erlangen. Denn du wirst nur so viel erlangen, wie du zu erlangen glaubst. Denn Christus sagt (Mk 11,24): „Was immer ihr betend erbittet, glaubt, dass ihr es empfangen werdet." Und an anderer Stelle (Mt 18,13) ruft er dir zu: „Es geschehe dir, wie du geglaubt hast." Trätest du nämlich ohne diesen Glauben hinzu, dann würdest du für dich nur Gericht und Tod empfangen. So ereignet sich denn auch in jedem anderen Sakrament nichts anderes als Täuschung und Betrug, wenn es ohne Glauben empfangen wird, was wahrhaft schrecklich ist. Deshalb ist es dieser Glaube allein, der uns als höchste und unmittelbare Vorbereitung wirklich rein und würdig macht, weil er sich nicht auf unsere Werke und unsere Kräfte stützt, sondern auf das ganz reine, fromme und feste Wort Christi, der uns sagt: „Kommt zu mir alle, die ihr mühselig und beladen seid, ich will euch erquicken"

(Mt 11,28). Und wiederum (Mt 5,6): „Selig sind die, die hungern und dürsten nach der Gerechtigkeit, denn sie werden gesättigt werden." Denn der Glaube ist es, der gerecht, rein und würdig macht, wie es in der Apg 15,9 heißt: „Durch Glauben die Herzen reinigend ..." etc.

Corollarium

Wie immer es um deine Reue und um deine wahre oder falsche Buße stehen mag, darum bemühe dich vor allem, dass du in der Annahme jener Christus-Worte hinzutrittst und dass du so Erleuchtung findest und dein Antlitz nicht beschämt wird. Auch Christi Mutter sollst du nicht zur Lügnerin machen, sofern sie sagt (Lk 1,53): „Die Hungernden erfüllt er mit Gütern." Viel mehr noch sollst du den Herrn selbst nicht der Lüge zeihen, wo er spricht (Mt 11,28): „Kommt zu mir ..." etc. Du zeihst ihn aber der Lüge, wenn du nicht glaubst, dass er tun wird, wie er verheißen hat. Darum ist Unglauben hier die größte Sünde und wirkliche Blasphemie gegen die göttliche Wahrheit.

Sechstens. Wenn du spürst, dass du nicht einmal jene zwei Dinge kannst oder nicht ausreichend kannst, wie du wirklich erfahren wirst, wenn du dich selbst prüfst, dann scheue dich nicht, mit den Aposteln den Herrn anzuflehen: „Herr, vermehre unseren Glauben" (Lk 17,5), oder mit dem Vater des Besessenen (Mk 9,24) zu rufen: „Herr, hilf meinem Unglauben." So also geh in deine Kammer und sag zu deinem Vater im Himmel: „Sieh doch, mein Herr Jesus Christus, schau an mein Elend und wie hilflos und arm ich bin. Dennoch sehne ich mich so sehr nach deiner Medizin, wie ich nicht einmal nach dem Reichtum deiner Gnade verlange. Entzünde in mir, o Herr, die Sehnsucht und den Glauben an deine Verheißung, damit ich dich, o gütigster Gott, nicht durch meine Verkehrtheit, durch meinen Unglauben und meine Sattheit beleidige.“ Dann aber tritt hin im Vertrauen auf seine Barmherzigkeit und in der Furcht vor deiner eigenen Unwürdigkeit.

Hier ist sodann das Wort des Apostels aus dem 1. Brief an die Korinther (1 Kor 11,28) zu behandeln, das besagt: „So prüfe sich denn jeder Mensch“ etc.

Dieses Wort scheinen viele so zu verstehen, als wolle der Apostel damit sagen, dass wir nicht vorher hinzutreten dürfen, bis wir uns würdig und rein von jeder Sünde gefunden haben. Daraus machen sie sich selbst die Enge und die Todesqual des Gewissens, indem sie erforschen, bereuen und beichten nicht nur die lässlichen Sünden, sondern auch ein Verhalten, das überhaupt keine Sünde ist. Und nachdem sie all dies getan haben (gleichbedeutend mit dem schrecklichen Abgrund der Anmaßung), gehen sie völlig sicher einher, ohne jede Sorge um den eigenen Glauben. Wollen sie doch gerecht und würdig erscheinen und gottgleich wie Lucifer, obgleich es doch ihre Pflicht wäre, gerecht und würdig werden zu wollen und Abstand zu nehmen von Gott (in der angemaßten Gleichheit). So ist jenes Wort also gesagt gegen die, die Christus aufteilen in verschiedene Sekten, sofern sie Anhänger des Paulus, des Kephas, des Apollo oder Christi sein wollten, wie es im 1. Korintherbrief (1 Kor 3,4; 1,12) beschrieben wird. Und also richteten und verdammten oder verachteten sie einander. Darüber hinaus kamen die einen den anderen bei der Eucharistie zuvor und machten ihre Vorrechte geltend, so dass die anderen, wenn sie erschienen, nichts mehr haben sollten, wie klar aus dem Text und aus der Glosse des hl. Augustinus hervorgeht, die besagt: Der Apostel beschuldigt sie und entscheidet, dass sie unwürdig essen etc. Er will dabei, dass sie sich vielmehr selbst prüfen, richten und verdammen, nicht aber andere. Denn es war jene Zwietracht, die – wie schon gesagt – sie vor allem unwürdig und schuldig gegenüber dem Herren-Mahl machte, wie es sich aus dem restlichen Text als sein Urteil ergibt. Deshalb sagt Paulus: Meine Brüder, wenn ihr zum Mahle zusammenkommt, dann wartet aufeinander, damit ihr nicht zum Gericht zusammenkommt. Oder: Wenn wir uns selbst richten würden, dann wären wir noch nicht vom Herrn gerichtet. Ebenso: Den Leib des Herrn unterscheidend, was so viel heißt: „Ihr tretet so hinzu, als wenn der Leib des Herrn das natürliche Brot in nichts an Würde überträfe." Freilich kann dieses Wort auch von der Selbstprüfung verstanden werden, durch die der Mensch seine Sünden erforscht und abwägt. Aber das ist nicht genug und betrifft nur die unempfindlichen und groben Verachter des Sakraments. Reicht es doch nicht aus, dass du prüfst und erwägst, wie schlecht du gewesen bist, wenn du nicht zugleich weit mehr prüfst und abwägst, wie gut du werden möchtest deinem Begehren und Verlangen nach.

Corollarium

Wenn der Apostel mit diesem Wort von uns verlangte, dass wir uns so lange prüfen, bis wir wirklich würdig geworden seien, dann hätte er uns zu Unmöglichem verpflichtet und alle Menschen, auch die Heiligen, der Kommunion beraubt. Er hätte schließlich sich selbst in zahlreichen Äußerungen widersprochen, in denen er laut verkündet, dass wir alle Sünder sind und allein durch den Glauben gerechtfertigt werden können. Denn wer zum Sakrament hinzutreten will, der muss völlig sicher sein, dass er ohne Todsünde ist, wenn er sich durch die Kommunion nicht das Gericht zuziehen will. Aber nun ist es jedoch unmöglich, dass jemand aus sich und seinen Kräften gewiss wird, gemäß dem Psalmwort (Ps 19,13): „Wer kennt schon seine Vergehen? Mach mich rein, o Herr, von meinen geheimen Sünden." Oder nach Jeremias (Jer 17,9f): „Verderbt und unerforschlich ist das Herz des Menschen, wer wird es durchleuchten? Ich, der Herr selbst, erforsche Nieren und Herz." Es bleibt also dabei, dass jene Gewissheit nur Bestand haben kann, wenn sie sich gründet auf dem festen und unfehlbaren Felsen, d.h. auf Christus und seinem Wort.

Deshalb ist dies die wahre und gründliche Prüfung: Wenn du dich frei findest und ohne die Last, dein Heil und die Gerechtigkeit zu wirken, beladen zwar und dich abquälend in vielen und in bösen Begierden, aber gerade darum voller Verlangen nach Gnade und Barmherzigkeit sowie ohne Zweifel, das Ersehnte zu erlangen. So sagt der hl. Gregor d. Gr., voller Tadel an Petrus, der den Herrn abweist, weil er sich als Sünder empfindet (vgl. Lk 5,8): Wenn du dich als Sünder erkennst, dann sollst du den Herrn nicht von dir wegtreiben, sondern ihn umso mehr einladen. Und in demselben Sinn erklärt der hl. Ambrosius: Weil ich täglich sündige, bedarf ich täglich der Kommunion. Und von einem anderen Kirchenvater stammt der Ratschlag, dass du dich nicht leicht der Kommunion enthältst, damit du zugleich nicht ins Abseits von Christus gerätst. Denn wir brauchen nicht zu fürchten, dass er uns Gift gegeben und hinterlassen hat, der als das Letzte und Größte seiner Liebe zu den Sündern uns sich selbst zum Gedächtnis hinterlassen hat, da er dieses Sakrament einsetzte.

Siebtens. Wenn du aber jetzt noch so schwach bist im Glauben, dass dir auch jener Rat nicht genügend hilft und du ihn nicht zu befolgen vermagst, dann greife nach jenem letzten Heilmittel für die Kranken und lasse zu, dass du in den Armen und im Schoß der Mutter Kirche getragen wirst, zusammen mit dem Gelähmten auf der Bahre (vgl. Mt 9,2), damit der Herr ihren Glauben erblicke, wenn du schon keinen hast, d. h. damit du im Glauben der universalen Kirche oder eines dir bekannten Christgläubigen hinzutrittst und dem Herrn kühn sagst: „Siehe, Herr Jesus Christus, es tut mir leid, dass ich so schwach bin und es nicht wage, deine unschätzbare Liebe zu uns überhaupt oder kaum anzunehmen. Nimm mich also an auf den Glauben deiner Kirche hin oder auf den Glauben dieses oder jenes Christen. Denn was immer mit mir sei, ist es doch notwendig, o Herr, dass ich deiner Kirche gehorche, die mir befiehlt, zum Mahle hinzuzutreten. So komme ich wenigstens im Gehorsam, wenn ich schon nichts anderes aufzeigen kann." Im Übrigen glaube fest daran, dass du nicht unwürdig hinzutrittst. Denn es ist kein Zweifel, dass er den Glauben der Kirche wie deinen eigenen annimmt. Schließlich kann es ganz einfach nicht geschehen, dass der Glaube der Kirche deinen Untergang zulässt, genau wie im Fall des Kindes, das auf fremden Glauben hin getauft und gerettet wird. So hat auch St. Bernhard einmal gesagt, als er einen Bruder trösten musste, der vor lauter Angst und Gewissenhaftigkeit die Messe nicht mehr feiern wollte: „Geh hin, mein Bruder, und feiere die Messe in meinem Glauben.“ Und als er dann hinging im Gehorsam, war er auch geheilt von aller Qual seines Gewissens.

Ich habe diesen Punkt breiter behandelt, weil ich erfahren habe, dass die Gewissen vieler Christen durch die Schauergeschichten der Prediger zu einem falschen Christus-Bild gelangt sind. Sie sind so erschreckt, dass sie aus Christus wieder einen Mose machen, aus der Gnade ein Gesetz und aus dem Heilmittel ein Gift. Denn sie stellen sich Christus irrigerweise vor mehr als Eintreiber denn als Geber, mehr als Rächer denn als Versöhner, und sie erblicken insgesamt in ihm mehr den verdammenden Richter als den Erlöser. So ist es dahin gekommen, dass selbst der Ruhm seines Namens „Ihesus Christus“ (d. h. Heilbringender und Gesalbter) in unseren Herzen nur noch in nackten Silben besteht. Wir sollen also nicht gegen alle mit den schrecklichen Drohungen des Gerichtes vorgehen, sondern nur gegen die Harten und Gefühllosen. Den Schüchternen aber und den im Gewissen Geängstigten sollen wir Erleichterung verschaffen durch den Hinweis auf die Verheißung der Barmherzigkeit. Denn die Medizin soll jeweils den Bedürfnissen der Kranken entsprechen.

Achtens. Vor allem aber soll das nicht vergessen, sondern insbesondere bedacht werden, dass das Gedächtnis des Leidens Christi nicht aus dem Blickfeld gerät. Denn was nützt eine würdige Vorbereitung, wenn du das nicht erfüllst, worauf du dich vorbereitest? Hat doch der Herr uns befohlen, dass dieses Sakrament nur zu seinem Gedächtnis gefeiert werde. Das Sakrament ist also auszulassen, wenn du sein Gedächtnis auslassen willst. Denn er hat gesagt (1 Kor 11,24f): „Sooft ihr dies tut, tut es zu meinem Gedächtnis.“ Und Paulus fügt hinzu (1 Kor 11,26): „Sooft ihr dieses Brot esst und diesen Kelch trinkt, verkündet ihr den Tod des Herrn, bis er wiederkommt." Von daher aber hat er die Kirche so begründet, dass die Messe nie ohne (dieses) Evangelium gelesen werden soll. Dieses Gedächtnis aber verlangt nach einer anderen Predigt. Denn es ist bei vielen nicht weniger in allen Aberglauben und in die scheinheilige Buchstäblichkeit geraten wie all die anderen hochheiligen Gaben Gottes.

WA 1, 329 ff

Die fröhliche Auferstehung Christi

Ostern 1530

Liebe Freunde, ihr habt oft die Geschichte gehört, die sich am Tag nach der Auferstehung Christi begeben hat, und ihr wisst, wie die lieben Jünger Christi und die Frauen so unversehen zu der Freude gelangten, an die sie nicht zu denken wagten. Diese Geschichte sollte man mit vielen Worten ausmalen. Denn es gibt viele Leute, die zu früh klug werden und die von daher der Meinung sind, dass sie solche und ähnliche Geschichten schon auswendig kennen, weshalb sie auf etwas Neues warten. Wir hingegen, liebe Freunde, wollen uns verhalten, als ob wir die Geschichte noch nicht kennen, und wollen erklären, warum solche Historien geschehen, und wozu sie uns nützlich sind. Denn es ist eine sehr schlechte Kunst, solche Geschichten zu kennen und davon zu reden, wenn man nicht weiß, wozu sie dir und mir nützlich und dienlich sind. Denn dies alles ist geschehen, damit uns allen dadurch geholfen und geraten würde.

Und just dies ist die Ursache, warum St. Paul mit so vielen Worten diese Geschichte predigt und rühmt als Triumph und Sieg wider Sünde, Tod, Teufel, Hölle und alles Übel, damit man den Christum also betrachtet, dass er all dies nicht um seiner selbst willen getan habe. Man muss solche Historien vielmehr dahin wenden, dass ihr Nutzen für andere und für uns alle sichtbar wird. Denn er bedurfte des Nutzens nicht für sich selbst, weil er auch ohne Auferstehung hätte verklärt werden können, wie er es denn selbst auf dem Berge Thabor vor seinen

Jüngern unter Beweis stellte. Aber er hat diese Weise darum für sich gewählt, auf dass er uns damit diene. Am Karfreitag hat er damit begonnen und ist in unserer Person aufgetreten, um dem Teufel ein solches Bild vor die Nase zu halten, an dem er sich stoßen sollte.

Denn der Teufel ist ein Fürst des Todes, der die Leute würgen oder in Sünde und Hölle werfen kann. Darum wird er mit Recht ein Sünden- und ein Todes-Fürst genannt. Er hat auch dies Handwerk so lang getrieben, dass ihm schließlich niemand mehr widerstehen oder entlaufen konnte und wollte. Darum wurde er auch sehr stolz und mutig. Da aber kam nun unser lieber Herrgott und legt ihm einen Bissen vor, an dem er sich den Tod sollte fressen, und schickte Christum auf die Erde ins Fleisch. Und der Teufel sah solche Gefahr nicht im Geringsten voraus. Er dachte nur daran, dass er ihn baldmöglichst auffressen wollte. So steckt er ihn zunächst in die Sünde, auf dass er verurteilt und gerichtet würde als ein Anführer, wie dies auch aus dem Titel hervorgeht, der über dem Kreuz angeschlagen war. Da muss er sterben wie ein verzweifelter, aufsässiger Bösewicht, der sich unterstanden hat, das ganze Römische Reich anzufechten und an sich zu reißen. Drum meint der Teufel, er habe ihn fest in der Hand und er wolle ihn erwürgen, wie er sogleich tat. Als er ihn nun auf diese Weise hingerichtet hatte, war er der Meinung, Christus müsse ewig in solchem Tod bleiben. Was aber geschieht dann? Christus ersteht unversehens vom Tode und tritt den Teufel mit Sünde, Tod und Hölle unter die Füße und wird so Herr über den Teufel, über Sünde und Tod. Er tut dies auch nicht gewaltsam, sondern er hat das Recht auf seiner Seite, so dass der Teufel selbst ihm Recht geben muss.

Da geht denn das liebliche Fest von Ostern recht an. Da nimmt der liebe Christus den Teufel, die Sünde und den Tod und führt sie vor das Gericht und klagt den Teufel an: Warum hast du mich als einen Anführer gerichtet und verdammt? So ich doch Gottes Sohn, die ewige Gerechtigkeit selbst bin? Warum hast du mich in den Tod und in die Hölle geworfen, obgleich ich doch das ewige Leben und die Seligkeit bin? Gegen solche Anklage kann der Teufel nichts vorbringen und muss verstummen. Da bricht es denn mit Gewalt hervor, dass der Christus, der ans Kreuz gehängt und getötet worden ist, die ewige Gerechtigkeit, die Weisheit und das Leben sei. So muss der Teufel von Rechts wegen seine Herrschaft und Gewalt verlieren. Vorher hatte er das Recht, uns zu erwürgen; da war er unser Henker und gebrauchte sein Recht. Was aber will er nun anfangen? Dieser Mensch Christus hat nie eine Sünde begangen. Und dennoch hat er ihn aus Mutwillen erwürgt. So richtet denn Gott der Allmächtige in dieser Sache und spricht: Teufel, du hast dein Amt an diesen Menschen verwirkt, ich werde dir das Leben nehmen. Du hast das Maul zu weit aufgerissen und zu viel auf einen Bissen geladen. Da gehet denn das Urteil mit Gewalt daher, dass der Teufel samt der Sünde und dem Tod Christo unterworfen werden. Dies ist nun der liebliche und herrliche Triumph des Festes, dass der Teufel und alles, was wider Christum gewesen ist, Christo mit Recht zugesprochen und unterworfen wird, auf dass der Teufel zwischen zwei Stühlen sitzen und herausgeben muss, was er je gefressen hat. Es muss alles heraus und wiederum lebendig werden um dieses einzigen Menschen willen.

In diesem Sinn gibt Ijob auch ein Gleichnis vom Leviathan, dem großen Walfisch. Meinst du – so spricht er –, dass du den

Leviathan mit einem Angelhaken fangen und seine Zunge mit Stricken binden könntest?

Ebenso fein geht St. Gregor mit diesem Spruch um, als wollte er sagen: Der Fisch wird viel zu groß sein für dich. Du musst einen anderen Angelhaken dazu haben, dieser wird's nicht tun ... Dennoch hat Gott einen Weg gefunden, wie er mit ihm zum Ende kommt. Er nahm eine scharfe Angel und hängte ein Regenwürmlein dran; dann warf er die Angel ins Meer: Das Regenwürmlein ist nun Christus, die scharfe Angel ist seine Gottheit. An die Angel ist das Regenwürmlein gebunden, nämlich die Menschheit Christi und das Fleisch. Das betrügt den Teufel, der denkt: Soll ich das kleine Regenwürmlein nicht verschlingen können? Er denkt nicht an die scharfe Angel, sondern er fährt zu und beißt in den Angelhaken. Da aber kommt dann Christus, bezwingt ihn und bringt mit sich selbst heraus, was der Teufel sonst je verschlungen hat. Denn der Streit war wirklich zu ungleich geworden, sofern der Tod wider das Leben, die Sünde wider die Gnade, die Hölle wider den Himmel stritt.

Wie aber dem Teufel in diesem Kampf geschah, so ist es auch der Sünde geraten. Sie nahm Christus und verklagt ihn vor Pilatus ... Was aber kam dabei heraus? Unter derselben Sünde, die Christo auferlegt wurde, war eine ewige Gerechtigkeit verborgen, die sich nun beißt mit der zeitlichen Sünde. Rate also einfach, wer von den beiden gewinnen und in der Umklammerung untergehen wird? Denn das ist gewiss, dass die Gerechtigkeit Christi nicht untergehen und nicht verdammt werden kann. Ist sie doch eine ewige Gerechtigkeit, der keine Sünde etwas anhaben kann. Also hat sich die Sünde notwendigerweise an Christus übernommen. Er lässt ihr wohl eine Zeitlang ihren Mutwillen, dass sie sich an ihn klebe. Aber dann reicht ihre

Kraft nicht. Er umfasst sie in sich selbst und erwürgt so alle Sünde der Welt. Wenn nun die Sünde sich an uns legt, so stößt sie uns ohne jede Anstrengung zu Boden. Warum das? Darum, dass wir nicht über so viel Kraft und Macht verfügen, um ihr widerstehen zu können. Aber Christus ist der Mann, der dies kann. Ihm kann die Sünde nichts anhaben. Denn er hat und ist selbst die ewige Gerechtigkeit, der weder zeitliche Sünde noch sonst etwas anderes zu schaden vermag.

Ebenso lief der unfreundliche Tod vergeblich gegen Christus an. Denn er traf auf eine Person, die unsterblich war. So gesehen, ist es ja ein vergebliches Unternehmen und ein närrisches Tun, dass sich der arme Tod an ein ewiges Leben legen will, das nicht sterben kann. Auch hat er es nicht getan, ohne dabei betrogen zu werden – ja, er betrügt sich letztlich selbst, indem er das ewige Leben fressen will: Nein, lieber Tod, das wäre wirklich zu viel! Es ist schon zu viel gewesen, dass er uns im Paradies um das leibliche Leben gebracht hat. Also hat Christus auch den Tod in sich selbst (d.h. in seinem eigenen Tod) ergriffen und gedämpft.

Der Teufel aber war – wie ich gesagt habe – an seine Gewalt und Herrschaft gewohnt und übersah so die ewige Herrschaft Christi. So geschieht es, dass er gegen den anläuft und den überwinden will, der nicht zu überwinden ist.

Damit aber gehen sie auf einen Haufen dahin, Teufel, Sünde und Tod. Und dies alles hat ausgerichtet die Auferstehung Christi. Darum preist sie auch St. Paulus so herrlich. Am Karfreitag ist Christus in unsere Sünde getreten und gestorben. Aber dann wird das Bild tröstlicher, und man sieht fortan keine Sünde, keinen Tod und auch keine Wundmale mehr an ihm. Denn nun weiß ich, dass es meine Sünde, mein Tod und mein

Teufel gewesen sind. Wohlan, so ist er verschlungen wie auch Esaias sagt im 53. Kapitel: „All unsere Sünden sind auf ihn gelegt." (Jes 53,5) Wo aber bleiben sie, wenn sie auf Christum gelegt sind? Antwortet St. Paulus im 1. Brief an die Korinter (1 Kor 15,55): „Der Tod ist verschlungen im Sieg", und da bleibt er auch samt der Sünde und dem Teufel.

Siehst du nun Christum an, so wirst du erkennen, dass er jetzt ganz anders aussieht als am Karfreitag am Kreuz: Dort waren sie alle zusammen Sünde, Tod und Teufel und legten sich mit dem armen Christus an. Jetzt liegen sie alle gefangen und gebunden unter seinen Füßen. Das aber ist nun ein eitel Zeichen des ewigen Lebens, der Seligkeit und der Gerechtigkeit in Christo.

Das heißt nun und ist der Christen Kunst, die sie allein beherrschen, sofern vom äußerlichen Leben und seinen Werken auch andere Leute lehren und reden. Aber dies ist das rechte Hauptstück, der Grund und Boden, dass ich lerne, diesen Christum nur noch mit meinem Herzen anzusehen. Hier geht es nicht mehr darum, mit Werken zu handeln. Schau vielmehr nur dem Spiel zu und lerne den Mann in seinem Werk genau erkennen, dass er nämlich deine und meine Sünde auf sich nimmt, und dass er dabei keine andere Waffe braucht als seinen eigenen Leib. Es ist ein liebliches und freundliches Spiel, das kein Mensch mit Worten erschöpfend einholen oder darstellen kann. Es ist auch ein köstlicher und herrlicher Triumph, dass er nichts mehr hinzutut denn seinen eigenen Leib, und richtet doch eine solche Schlacht an, dass er den Teufel, Sünde und Tod all ihrer Herrschaft beraubt.

Wie schwer kommt es uns doch an, wenn wir uns mit den Sünden schlagen und sie aus eigener Kraft ablegen wollen. Da haben die Mönche so viel Werke und Gebete erdacht, da haben wir gefastet, Wallfahrten errichtet und unzählige Dinge getan, alles zu dem einen Zweck, dass wir die Sünden gerne los gewesen wären. Also hängt es uns heute noch an, dass wir uns gern selbst helfen möchten. Aber das gelingt nicht. Hilfe bringt allein die Kunst, dass wir dem Mann Christo zuschauen. Denn so werden wir sehen, dass er sich mit dem Teufel, mit Sünd und Tod beißt, und dass er sie erwürgt in seinem Blut. Denn er hat ein ewiges Leben und eine ewige Gerechtigkeit. Dazu sind Fleisch und Blut mit der Gottheit ein Christus. (Von daher stellt sich dann die Frage), wie denn nun Sünde und Gerechtigkeit, Tod und Leben beisammen bleiben können? Es muss eins das andere fressen und eins das andere wegbeißen. So ist denn nun die Person gestorben und kann doch eigentlich nicht sterben; und auch das Fleisch ist tot, muss aber der Gottheit wegen das Leben behalten.

Dieser Anblick und das Anschauen machen dich zu einem Christen. Und wenn du es glaubst und für gewiss hältst, so hast du die Gerechtigkeit und das Leben, das er hat. Denn er tut solches nicht seinethalben, sondern dir zunutz und zugut. Dir zugut hat er den Teufel also gefangen und dir seinen Sieg zu eigen geschenkt, den er für sich gar nicht erst bedurfte. Und das Recht, das er wider den Teufel hat, auch dies hat er dir zu eigen geschenkt. Du bedarfst dazu keiner guten Werke, weil du es erst verdienen müsstest. Er schenkt es dir. Sei nur so fromm, dass du sein Geschenk dankbar annimmst. Aber es ist ein so großes Werk und wir sind so elende, ungläubige Leute, dass wir es weder fassen noch in unser Herz bringen können.

Aus all dem lernen wir, dass wir unsere Gerechtigkeit nicht aus eigenem Verdienst und nicht aus unserer Planung haben, sondern allein aus Gnade und Barmherzigkeit. Denn wer kann sich anderes vom Sohne Gottes vorstellen? Es ist auch diese Predigt, wie Paulus sagt (1 Kor 1,18ff) und die Erfahrung lehrt, alle Zeit für eine Torheit bei den Heiden und Weisen dieser Welt gehalten worden, wie noch heutigentags bei den Türken. Denn es ist ein großer, schwerer Artikel, dem wir nicht ohne Schwierigkeit anhangen.

So ist nun dies der Nutzen des Leidens und der Auferstehung Christi, dass er all das nicht für sich, sondern für die ganze Welt getan hat, dass er nämlich den Teufel und meine Sünde, die am stillen Freitag an ihm hingen, unter die Füße getreten hat ... Willst du nun solch große Güter gebrauchen – wohlan, er hat sie dir schon geschenkt. Tu du ihm nur so viel Ehre und nimm es mit Dank an. Wenn nun Sünde oder Teufel kommen und wollen sich an dich legen, wie willst du dich wider sie rüsten und wehren? Was willst du tun, um sie von dir zu jagen? So musst du es machen: Die Auferstehung Christi ist durch das Wort dein geworden, das Evangelium trägt es dir vor, dass es dein Eigen sein soll. So kannst du es denn in keine andere Monstranz fassen denn in dein Herz. Wenn nun die Sünde kommt und klagt dich an, indem sie spricht: Dies und das hast du getan, wo willst du bleiben? Du musst in den Tod und in die Hölle. Bist du kein Christ, so gehst du unweigerlich dahin. Denn da kann niemand anhalten, es sei denn ein Christ. Denn der kann also antworten: Ich habe Unrecht getan, das weiß ich wohl. Aber mit Sünden umzugehen, das gehört zu den Menschen, Christen geht es nichts an. Denn es ist nur einer, der Christus heißt. So komm nur her, liebe Sünde, wir wollen ihn ansehen, ob er auch Sünde, Tod und Teufel an sich habe. Aber ich bin sicher, dass du nichts Derartiges an ihm finden wirst.

So wisse nun, Sünde, Tod und Teufel und alles, was mich anficht, dass du mich nicht triffst. Ich gehöre nicht zu denen, die vor dir erschrecken. Denn Christus, mein lieber Herr, hat mir seinen Sieg und Triumph geschenkt ..., und eben von diesem Geschenk hab ich auch den Namen, dass ich ein Christ heiße. Meine Sünde und mein Tod sind an seinem Hals gehangen am stillen Freitag. Aber am Ostertag sind sie verschwunden und verschlungen. Diesen Sieg hat er mir geschenkt, darum kehre ich mich nicht an dich.

Also soll ein Christ lernen und für gewiss halten, dass Christus nicht allein solches getan, sondern ihm zu eigen geschenkt hat, auf dass er von sich zu treiben wisse alle Angriffe. Sonst würde er nicht ein Christ, sondern ein närrischer Mensch sein, der die Sünden anders ansieht, als sie anzusehen sind. Denn du betrachtest die Sünde, als ob sie nicht auf Christum gelegt und von Christo unter die Füße getreten und dir danach geschenkt worden sei. So gesehen, bringen aber die Sünden nichts denn Verzagen, Schrecken und Verderben. Drum schicke dich also drein und halte es für gewiss, dass Christus deinen Tod und deine Sünde auf sich genommen hat am stillen Freitag, und kommt danach am Ostertag wieder und entbietet dir einen guten Tag und spricht: Schau mich an, wo bleiben deine Sünden? Hier siehst du keine Sünde mehr, sie sind alle hinweg, was willst du dich dann noch davor fürchten? Auf diese Weise ist mir und dir und allen christgläubigen Menschen dies Werk der Auferstehung geschenkt. Brauche ich es nicht so, tue ich meinem Herrn Christo großes Unrecht, dass ich seinen Triumph und Sieg also ungenützt liegen lasse. Es soll nicht ein müßiger Sieg sein. Er will wirklich viele damit aufrichten, auf dass ich in allen Anfechtungen, Sünden und Schrecken nichts anderes sehe denn die fröhliche Auferstehung Christi. Wer nun diesen Sieg so in sein Herz bilden kann, der ist schon selig. Denn es komme Sünde, böses Gewissen, Hunger, Pestilenz, Krieg oder was es auch sei, bist du in der Auferstehung Christi geübt und gerüstet, so wirst du bald sehen, dass solche schrecklichen Bilder nichts anderes sind als des Teufels Waffen, der nimmermehr Ruhe haben kann, wie es denn auch gegenwärtig einem abenteuerlich in die Augen geht, welch seltsame Mauer und Rüstung der Teufel (gegen uns) führet. Was aber willst du nun in solcher Gefahr tun? Wenn du gewiss bist, dass dies des Teufels Waffen sind, warum willst du dann erst noch lange mit ihnen umgehen und sie schön aufpolieren? Und warum willst du daneben die Waffen Christi verrosten lassen? Beileibe nein, lass alles gehen, stehe und sprich: Ich kann nicht mit Sünden umgehen, aber Jesus Christus, der kann es, dem will ich zusehen, ... auf den allein will ich achten ... Derselbe Christus lässt die Sünde an sich hängen und schlägt sie dann hinweg. Ich kann es nicht, drum will ich auch nicht damit umgehen.

Wenn ich also den Schatz annehme, so müssen Sünde, Tod und Teufel und alle Schrecken aufhören. Und ob es gleich geschieht, dass man zuzeiten Sünde und Schrecken noch fühlt, wie es denn nicht ganz kann aufgehoben werden, weil wir in dem alten Sack stecken – wohlan, so schadet es doch nicht. Es wird dir darum dieser Sieg und Triumph nicht genommen. Und ob du es auch fühlst, dass dich die Sünden noch drücken, so sprich dennoch: Ich fühle sie nicht. Ursach: Am stillen Freitag sah ich noch all meine Sünden an Christo hangen, aber am Ostertag sind sie alle hinweg ...

Dies ist nun eine seltsame und unerhörte Predigt vor der Welt, die keine Vernunft fassen oder glauben kann, nämlich dass wir – obgleich wir doch fühlen Sünde und Tod und des Teufels Reich – desselben los und ledig sollen werden durch einen anderen, der sich unser annimmt. Natürlicherweise geht es dabei also zu, dass der die Strafe erleidet, der gesündigt hat. Und aus diesem Wahn ist es auch gekommen, dass man Christum gar zugedeckt hat mit dem Verdienst unserer eigenen Werke. Von da sind geflossen so viele Werke bei den Mönchen und auch bei den Türken bis auf den heutigen Tag. Denn die ganze Welt muss also schließen: Niemand zahlt für den anderen. Da ist denn auch der Papst zugefahren mit der Genugtuung und der Buße für die Sünde, was nichts anderes bedeutet, als die Sünde auf sich selbst zu laden. Aber so heißt es nicht in der Schrift, die ihrerseits vielmehr bestimmt: Eines anderen Gerechtigkeit soll und muss solches tun; wenn meine Sünden auf mir liegen, so drücken sie mich zu Boden und treiben mich zur Verzweiflung. Aber die Gerechtigkeit Christi tröstet, stärkt und erlöst uns.

Eine seltsame Predigt ist es, das ist wahr. Aber sie allein macht Christen. Mit meinen Sünden habe ich den Tod verwirkt, das ist wahr – da hilft kein gutes Werk, keine gute Meinung und keine Genugtuung, sie sei, wie sie wolle. Es muss ein Fremdes kommen, das nicht mein ist und das ich nicht haben kann. So kostet es denn einen Christen nicht mehr als das Ansehen mit dem Herzen. Der fromme Christus heißt jetzt Martinus, Petrus und Magdalena. Denn Christus ist am stillen Freitag Petrus geworden, der ihn verleugnet hat. Aber am Ostertag kommt er hervor und spricht: Hier ist keine Sünde mehr.

So besteht nun unsere Kunst nicht in Werken, sie heißen, wie sie wollen, sie seien klein oder groß, böse oder gut. Es liegt allein an dem, dass wir dem Christo zusehen und von ihm mit

Dank annehmen, was er uns gibt. Und das will auch die Figur im 4. Buch Mose von der ehernen Schlange (Num 21,9) sagen. Da kostet die Gesundheit nicht mehr denn das Ansehen, eine andere Hilfe gab es nicht. Sie mussten die Fäuste fallen lassen, alles war vergebens, was sie unternehmen wollten. Ja, sie machten die Schlangen nur noch grimmiger und zorniger durch ihre Abwehr, und das Übel wurde nur noch ärger. Es blieb die einzige Kunst, die eherne Schlange anzuschauen, ohne alle Apotheken und Arznei. Also geht es auch mit uns: Die feurigen Schlangen beißen uns, d. h. wir fühlen die Sünde in uns und sehen, dass wir darum ewiglich verloren sind. Was können wir tun, um sie los zu werden? Nicht mehr, als ihren Anblick auszuhalten. Denn wenn ich mit meinen Fäusten die Schlangen abreißen will ohne den Ostertag ..., so wird es uns darüber ergehen wie den Juden, die das Übel nur ärger machten. Und wo vorher nur eine Sünde war, da sind jetzt gleich zehn andere.

Du kannst es dir leicht ausrechnen: Wenn du die Sünde eigenmächtig willst ablegen, hast du nicht allein Unrecht gegenüber der Sünde, sondern du willst darüber hinaus Christo in sein Amt greifen und erklärst: Ich will Christus sein. Damit aber maßt sich der Mensch die Macht Gottes an, was die größte Sünde ist. O, um Gottes willen nein – lasst ihn Christum bleiben, lasst ihm sein Amt. Es ist genug mit den anderen Sünden, die wir begehen. Christus hat Mt 24,5 richtig gesagt: „Es werden viele falsche Propheten kommen und sagen: Ich bin Christus." Denn wir selbst – wie ihr wisst – haben also gelehrt und getan, was die Pfaffen und Mönche bis auf den heutigen Tag tun, wenn sie sagen: Liebe Freunde, gebt uns euer Almosen, so wollen wir für euch bitten, fasten, wachen und euch all unserer guten Werke teilhaft machen. Was aber sagen und tun sie damit anders, denn dass sie Christus sein wollen und Christo in sein Amt eingreifen? Dass euch doch der Teufel von der Kanzel werfe, weil ihr euch so an Christi statt setzt und uns doch nichts anderes gebt als eure „finsteren Metten“ (= die ‚Tenebrae‘ genannten Horen der Kartage) und ähnliches Narrenspiel. Dennoch geschieht dies noch überall im Papsttum. Dass es aber Christus allein tun könnte oder sollte, darauf lässt man sich von vornherein nicht ein.

Deshalb, liebe Freunde, lasst uns fleißig beten, dass wir bei dem Ostertag bleiben können. Denn wo das geschieht, da hat es keine Not mit allen Rotten und allem Irrtum. Verlieren wir ihn aber, so ist's aus. Denn dann kann man keinen Irrtum – auch nicht den geringsten – steuern, wie ihr denn seht, dass es mit den Mönchen, Nonnen und Pfaffen geschehen ist und noch geschieht ...

Dass es doch ja wahr bleibe, wer den stillen Freitag und den Ostertag nicht hat, der hat keinen guten Tag im Jahr. Das ist: Wer nicht glaubt, dass Christus für ihn gelitten hat und auferstanden sei, mit dem ist es aus. Denn daher heißen wir ja Christen, dass wir den Christum können ansehen und sagen: Lieber Herr, du hast meine Sünde auf dich genommen und bist Martinus, Petrus und Paulus geworden, und hast also meine Sünde zertreten und verschlungen. Da soll und will ich drum meine Sünde suchen, dahin hast du mich auch gewiesen. Am stillen Freitag sehe ich meine Sünde noch genau. Aber am Ostertag ist ein neuer Mensch und eine ganz neue Haut geworden – da sieht man keine Sünde mehr. Dies alles hast du mir geschenkt und dabei gesprochen, du habest meine Sünde, meinen Tod und meinen Teufel überwunden.

Auf diese Weise predigen nur wir allein durch Gottes Gnade den Nutzen und den Brauch der Auferstehung Christi, wie ihr – davon gehe ich aus – oft gehört habt. Hütet euch allein davor, dass ihr nicht meint, ihr könntet es selbst. Ich und du und wir alle miteinander haben daran zu lernen, solange wir leben. Gott aber gebe, dass wir es wirklich lernen. Amen.

WA 32, 39ff

Christus ist das Haupt der Kirche, nicht der Papst

Himmelfahrt 1520

Gestern haben wir aufgezeigt, dass Christus allein das Haupt der Kirche ist. Denn Christus wollte eine bestimmte Gemeinschaft und ein öffentliches Gemeinwesen der Seinen errichten. Eben deswegen ist er in den Himmel aufgefahren. Und darum sollte niemand meinen, dass das christliche Gemeinwesen dem profanen Gemeinwesen ähnlich sei. Es gefällt jedoch der Satz, dass alle menschliche Begründung des Gemeinwesens dreifacher Art ist. Die erste Art ist das profane und säkulare Gemeinwesen. Weil es in sich vielfältig ist, hat es auch viele Köpfe und Fürsten. Von der zweiten Art ist das den Christen eigentümliche Gemeinwesen, die durch den einen Glauben Christus als Haupt unterworfen sind. Das dritte Gemeinwesen ist ein Mitteldding (= adiaphoram). Es gehört weder zu diesem noch zu jenem. Ihm sind heute vor allem die Priester, die Mönche und die große Gruppe der Religiosen zuzuzählen, und es ist ein Gemeinwesen, das sich den Zeremonien verschrieben hat. Soweit es dabei nur um äußere Zeremonien geht, stehen ihre Vertreter außerhalb der christlichen Gemeinschaft. Wie der Fürst in der zivilen Gemeinschaft zunächst die Bürger hat, aus denen er sein Gemeinwesen aufbaut, deren Haupt er dann ist, wie er sodann über die Beamten (= lictores) und diejenigen verfügt, deren er sich zur Bestrafung der Missetäter bedient, und wie er schließlich auch seine Hofnarren unterhält, so verhält sich auch der Fürst oder der Gesalbte (= Christus) des himmlischen Gemeinwesens, d.h. der Kirche. Zunächst hat er alle Gläubigen zu Bürgern. Dann aber verleiht er – weil die menschlichen Verhältnisse eben so sind, dass unter dem guten Samen immer auch das Unkraut der Verdammten wächst! – den weltlichen Fürsten das Schwert, um sich ihrer zur Bestrafung der Bösen als Folterknechte und Liktoren zu bedienen. An Stelle der Hofnarren hat Christus schließlich auch religiöse Zeremonienmeister. Um gleichzeitig aufzuzeigen, dass der Papst nicht das Haupt der Kirche sei, ist zunächst auf das Wesen des Hauptes zu schauen. Denn vom menschlichen Haupt nimmt man den Vergleich, indem man sagt: Der Fürst sei das Haupt der Bürger.

Die besondere Aufgabe des Hauptes ist es, allen Gliedern des Leibes das Leben oder die Lebens-Energie einzuflößen und einzugießen. Von jedem Fürsten eines jeden Gemeinwesens gilt bereits, dass er – was immer er im Sinne hat und was er als Leistung von seinen Untergebenen verlangt – dies an seine Leute weitergeben kann, und dass dann geleistet wird, was er befiehlt. In diesem Sinn ist auch der Papst, der Bischof und Pfarrer – was die Zeremonien angeht – das Haupt seines Gemeinwesens. Denn was immer der Papst, der Bischof und Pfarrer hinsichtlich der einzuhaltenden Zeremonien im Sinne hat, das befolgen die ihnen unterstellten Priester. Aber hier geht es noch nicht um die wahren Impulse (= veri ... influxus), die Christus als Haupt auf das Leben der Seinen ausübt. Denn dieses Haupt flößt seinem Leib geistliche Güter ein, die kein menschliches Wesen einzuflößen vermag. Denn wenn dir irgendein Mensch auch hundertmal einschärft und befiehlt, dass du in Keuschheit lebst und keine Sünde auf dich nimmst, so bewirkt er doch nichts mit seiner Anordnung. So vermag er uns nicht mitzuteilen, dass wir sein Gebot im Geiste, d.h. mit dem Herzen und mit Freuden, erfüllen. Ist er doch nicht einmal in der Lage, sich selbst diesen Geist mitzuteilen. Christus hingegen hat das Herz voll von Geist, d.h. voll von Gnade und von allen Tugenden, wie er uns denn auch die Gerechtigkeit verdient hat: Er also verströmt in die, die er gerecht zu machen gedenkt, den spontan-lebendigen Geist aller Tugenden. Also hat die heilige katholische Kirche kein anderes Haupt als Christus. Deshalb lügen diejenigen, die uns ein anderes Haupt als Christus aufzuzwingen versuchen – gleichsam so, als ob nicht er selbst, sondern ein anderer sich um die christliche Sache kümmere, obgleich er doch just aus diesem Grund in den Himmel aufsteigen wird, damit er dort seine Kirche lenke, indem er als unser erhöhtes Haupt seine Gnade in unsere Seelen eingieße. Daraus aber ergibt sich dann, dass alle Christen – gleich wie er selbst, zur Rechten des Vaters sitzend, dem Blick aller Menschen entzogen ist – sich dem Herzen nach in den unsichtbaren Christus verbergen, auf dass auch sie fortan von niemand mehr erblickt werden.

So haben wir aufgezeigt, dass der Papst nicht das Haupt der Kirche sei. Wir werden aber auch beweisen, dass er nicht der Stellvertreter (= Vicarius) Christi ist. Denn der Stellvertreter hat dieselbe Aufgabe, und er tut dasselbe Werk wie der, dessen Stellvertretung er wahrnimmt. Der Papst tut aber nicht dasselbe Werk wie Christus. Er kann nämlich nicht tun, was Christus getan hat. Warum also sollen wir ihn Stellvertreter Christi nennen? Dennoch gibt es eine bestimmte Aufgabe des Papstes. Worin diese Aufgabe bestehe, das verstehen heute besser die ungebildeten Laien (= Idiotae) als die Religiosen mit voller Profess. Alle nennen den seligen Petrus einen Apostel, d. h. einen

Gesandten. Aufgabe des Legaten aber ist es, dass er die Worte seines Fürsten weitergebe und seine Befehle an die vermittele, zu denen er gesandt ist. So ist denn dem Pontifikat von Christus her keine andere Aufgabe aufgetragen als die, dass er Christi Wort den Christen verkünde. Denn wäre es nicht einfach lächerlich, wollte der Gesandte des Fürsten dessen Thron einnehmen? Und das auch noch in der Regierungs- und Lebenszeit des Fürsten? Dennoch ist die Tyrannei des obersten Pontifex zu ertragen, wenn du nur weißt, dass er nicht ist, was er zu sein sich rühmt, und dass er nicht einmal den Predigt-Auftrag erfüllt, der ihm von Christus aufgetragen wurde.

Wir mussen unszerem herngoth disze mastschweyn mesten, bisz szo lang ehr kumbt und schlacht sie.

Christus hat ihm nichts anderes so eindeutig aufgetragen als dies: ‚Weide meine Schafe' (Joh 21,16f)! Der bapst szol des vihes goths stallknecht seyn, sal uns das futter furlegen.

Die Ursache der Himmelfahrt Christi und die in der Kirche verteilten amtlichen Aufgaben erklärt Paulus höchst richtig in seinem Brief an die Epheser (Eph 4,8): „Aufsteigend in die Höhe ... Hoch über alle Himmel steigt er auf, damit er alles erfülle, d.h. damit er die Kirche ganz und gar mit seinen Gaben ausfülle, auf dass auf alle Glieder vom Haupte her das Leben herabtaue und herabfließe. Damit es die wahre Fülle der Gaben sei, fügt er sogleich hinzu (Eph 4,11ff): „Die einen hat er zu Aposteln, die anderen zu Evangelisten gemacht" etc. „zur Vollendung der Heiligen durch das Werk des Dienstes (nicht der Herrschaft), zu Auferbauung des Leibes Christi (nicht zu dessen Zerstörung, wie es heute geschieht), bis wir schließlich zum vollendeten Mannesalter gelangen, damit wir nicht mehr wie Kinder hin und her getrieben oder getragen werden durch jeden Wind neuer Lehre oder in der Bosheit der Menschen" etc. „Der Menschen", so hat er zur Erniedrigung gesagt, als ob er darauf verweisen wollte: Sie werfen sich auf zu den Höchsten, Größten und Heiligsten von allen, obgleich sie in Wirklichkeit nichts anderes sind als armselige Menschen und eitle Kreaturen. Dann aber sagt er, andeutend, wer denn das Haupt der Kirche sei (Eph 4,15f): „Indem wir die Wahrheit tun, wollen wir aus Liebe heranwachsen nach allem in dem, der das Haupt ist, Christus, aus dem der ganze Leib zusammengefügt ist und ein Glied am anderen hängt durch alle Gelenke, dadurch eines dem anderen Dienst nach dem Werk eines jeden Gliedes zu dessen Vollendung. So macht er, dass der Leib wächst zu seiner Auferbauung in Liebe" etc. Wie hätte er klarer beschreiben können, was Christus als Haupt der Kirche, und die Kirche als Leib Christi bedeutet, und worin die Aufgaben des Pontifikats und des Episkopats bestehen?

WA 9, 457ff

Der Geist tröstet die bedrückten Gewissen

Pfingsten 1520

Was und auf welche Weise am Pfingsttag geschehen sei, erzählt Lukas in der Apostelgeschichte (Apg 2,1ff). Bevor wir diese Geschichte erklären, scheint es der Mühe wert, ein paar Bemerkungen über den Grund und den Ursprung des Pfingstfestes vorauszuschicken.

Unter den Festen, die von den Juden alljährlich gefeiert zu werden pflegten, haben das Pascha und fünfzig Tage darauf das Pfingstfest einen festen Platz. Das erste Fest von den beiden, nämlich das Pascha, wurde gefeiert zum Gedenken an jenen Tag, an dem der Herr sie aus Ägypten herausgeführt hatte. Das andere Fest, nämlich Pfingsten, gedachte des 50. Tages nach der Flucht aus Ägypten, an dem Mose auf dem Berge Sinai vom Herrn die Gesetzestafeln entgegennahm. Die gleichen Feste feiern auch wir, aber mit anderer Begründung: Die Juden feiern sie im Fleisch, wir begehen sie im Geist. Denn wie die Juden dem Leibe nach aus Ägypten in das verheißene Land zogen, so ziehen wir im Geist aus der Ungläubigkeit in das Leben des Glaubens und der Tugenden. Und wie die Juden zum Gedenken an ihren Auszug das Lamm aßen, so werden wir zum Zeichen unseres Glaubens mit Christi Leib gespeist.

Also am fünfzigsten Tag empfingen die Juden das Gesetz, durch Gottes Finger auf steinerne Tafeln geschrieben. Auch wir empfangen ein Gesetz, aber auf Tafeln von Fleisch, d. h. die

Caritas und die göttliche Liebe (dilectio) eingeschrieben in unser Herz. Hier liegt zugleich der Unterschied zwischen dem alten und dem neuen Testament: Das alte dem Buchstaben nach auf Steine geschrieben (auf das ich zurückgreifen muss), sobald ich bedenken oder sagen will, was alles durch das Gesetz befohlen wird; das neue ist hingegen eingegraben in unsere Herzen, so dass ich das Gesetz mit innerer Beteiligung (cum affectu) wahrnehme und dass ich das so wahrgenommene Gesetz liebe. Der alte Bund macht uns zu Sündern und zu Söhnen des Zorns; der neue bewirkt Gnade und macht uns zu Söhnen der Versöhnung. Das Unterpfand des alten Bundes ist das Gesetz, das des neuen der Geist. Der alte Bund befiehlt, was ich nicht zu tun vermag. Denn ich habe das Gesetz nicht erfüllt, soviel ich auch darüber erzähle oder nachdenke. Der neue Bund hingegen bringt uns Hilfe, damit wir erfüllen können, indem es unsere Herzen mit himmlischem Feuer in Brand setzt.

Wer das Gesicht eines Menschen den Linien und Schatten nachzeichnet, der hat den wahren Menschen nicht vor sich, sondern eben nichts anderes als ein totes Bildnis, nur ein Schattenriss des lebendigen Menschen. So aber ist es auch mit dem Gesetz: Wenn es auch zeigt und vorschreibt, was zu tun ist, damit ich lebe, in Wirklichkeit gibt es nichts, was mich dazu befähigte – ja, zum Tod führt es eigentlich. Der Geist aber vermittelt just dies, dass du mit lebendiger Hingabe tust, was das Gesetz befiehlt.

Die Buchstaben können in den Stein nur mit äußerster Gewalt und hartem Schlag eingemeißelt werden. Ja mit Gewalt erreichst du nichts, es sei denn es ist dir vorher gelungen, den Stein durch Kunst ein wenig weich zu machen. So wird auch das menschliche Herz das Gesetz immer abweisen, es sei denn es ist vorher durch den Heiligen Geist bereit gemacht worden. Darum rufen die Propheten (Jer 31,33): „Ich werde mein Gesetz in ihr Inneres legen, in ihr Herz will ich es schreiben – spricht der Herr." Und darauf zielen ab alle Verheißungen Christi das ganze Evangelium hindurch. Dies also wird uns vom Heiligen Geist als Wohltat geboten, dass wir das göttliche Gesetz erfüllen könnten. Dabei gibt es vor allem zwei Sünden gegen den Heiligen Geist: Die Anmaßung, die darin besteht, dass ein jeder meint, aus eigenen Kräften leisten zu können, was befohlen wird, ohne dazu auf fremde Hilfe angewiesen zu sein, handlungsfähig durch unseren Willen. Ausgerechnet wird aber diese schwerste aller Sünden lange Jahre hindurch von denen gelehrt, die für die Unterweisung im Glauben verantwortlich sind, d. h. von denen, die sich der Willensfreiheit verschrieben haben. Anmaßung ist es, just das Gott durch eigene Kraft darbringen zu wollen, was du von ihm empfangen sollst. Gib also acht, dass du dich nicht auf deine eigenen Kräfte verlässt. Bekenne Gott vielmehr, dass du dem Gesetz mit Hass gegenüberstehst, und bitte ihn dann inständig, dass dir das neue Gesetz ins Herz geschrieben und dir die Liebe zum Gesetz geschenkt werde. Dann endlich wird der Heilige Geist in dir die Kräfte frei machen, mit denen du das Gesetz erfüllen kannst. Er wird in deinem Herzen die Flamme der Liebe entzünden, damit du im Gesetz deine Lust, Freude und Liebe findest – im Gesetz, das vorher dein Schrecken war, das du gehasst hast und das dich vorher ständig quälte. So ist zu lesen von einigen schwachen Jungfrauen, denen plötzlich ihre Keuschheit so teuer war, dass sie zu ihrem Schutz ohne jede Furcht den Tod auf sich nahmen. Das Gegenteil solcher Anmaßung ist dabei die Sünde der Verzweiflung. Ihr sind verfallen, die meinen, dass sie nicht einmal den Buchstaben des Gesetzes aus sich zu erfüllen vermöchten, und die trotzdem nicht die Hilfe des Geistes erflehen, so dass sie daran verzweifeln, je die Gabe des himmlischen Geistes zu empfangen. Es gibt also keine andere Art, den Heiligen Geist zu empfangen, als vorher durch den Glauben aus Ägypten auszuziehen. Dem göttlichen Wort ist Gehör zu schenken; wenn wir es gehört haben, dann müssen wir ihm anhängen in sicherem Vertrauen. Sobald ich höre, dass Christus für mich gestorben sei, und ich daran glaube, kommt der Heilige Geist in mich. Denn jener Glaube weckt in mir die Liebe; die Liebe aber ist der Heilige Geist.

Ostern ist ziemlich weit weg von Pfingsten – dennoch kommen wir von Tag zu Tag dem Feste immer näher. So verhält es sich auch mit Glaube und Liebe. Wenn du beide auf ihre Vollendung hin betrachtest, dann sind sie immer weiter auseinander. Dennoch schreiten sie täglich voran und aufeinander zu. Wie könnte es sonst möglich sein, dass Glaube, Hoffnung und Liebe miteinander verbunden sind.

Deswegen gilt umgekehrt: Wo das Evangelium nicht gepredigt wird, da wird auch Christus nicht erkannt; wo aber Christus nicht verkündigt wird, da gibt es auch keinen Glauben; wo es schließlich keinen Glauben gibt, gibt es auch keine Liebe, d.h. keinen Heiligen Geist. Und es gibt keinen anderen Fortschritt, gleichgültig, welche Versuche du unternimmst. Nur dieser Weg führt dem Heiligen Geist entgegen.

Deshalb sind diejenigen, in denen die Liebe – d.h. der Heilige Geist – schon ist, bereits in der Lage fertigzubringen, was durch das Gesetz befohlen wird. Christus selbst hat dies im Evangelium keineswegs dunkel erklärt, indem er sagt (Joh 14,23f): „Wenn jemand mich liebt, dann wird er meine Gebote halten“, und wenig später: „Wer mich nicht liebt, der hält auch meine Gebote nicht.“ Mit diesen Worten zeigt er aufs klarste: Was immer die menschlichen Kräfte und Versuche zur Erfüllung des Gesetzes unternehmen, das verfällt schließlich alles der Ungültigkeit. Gegen die göttliche Liebe und die von ihr erfasste Menschenliebe (= contra hanc dilectionem sive amorem) stehen vor allem zwei Versuchungen: Die erste besteht darin, dass man aus natürlicher und knechtischer Furcht vor Strafe solche Liebe vortäuscht und dem Anschein nach tut, was der Gesetz befiehlt, obgleich man es in Wirklichkeit (reipsa) hasst und in Wahrheit kein Häkchen des Gesetzes erfüllt. Die andere Versuchung aber besteht darin, dass man es um zeitlicher Güter willen und aus dem Streben nach Vorteil liebt, solange die Dinge günstig stehen und der Erwartung entsprechen. Solche Liebe aber ist äußerst unbeständig. Denn sobald sie in Anfechtungen geraten, fallen sie auch aus der Liebe heraus. Denn nur die lieben aufrichtig und ehrlich, die allein im Blick auf Gott lieben; so dass sie nicht weniger lieben würden, auch wenn das Gesetz es nicht verlangte, und wenn es keinen Lohn und keine Strafe in Aussicht stellen würde. Denn nachdem Christus gesagt hat, „wer mich liebt, der wird meine Gebote halten“, fügt er gleich hinzu: „Und auch mein Vater wird ihn lieben, und wir werden zu ihm kommen und Wohnung bei ihm nehmen“ (Joh 14,24). So schenkt der großzügige Fürst seine großzügige Gabe! Die göttliche Gabe aber ist der Heilige Geist, der den Gebrauch aller Dinge gewährleistet. Christus lehrt die Weisheit; den Gebrauch der Weisheit gewährleistet der Heilige Geist. Der Vater verleiht diese ewige Gabe, was Gott allein schenken kann und was zu schenken ihm allein zusteht. Dadurch aber wird uns der rechte Gebrauch des ganzen Gesetzes geschenkt. Sobald uns diese Gabe geschenkt wird, entsteht aus dem Buchstaben der Geist des Gesetzes. Bei den Liebenden bleibt Gott, bei denen, die zu aufrichtiger Liebe entflammt sind. Sie leben gut auf solide Weise, indem sie für immer Gottes Gegenwart spüren. Die Gerechtigkeit des Liebenden ist eine solide Sache und frei von jeder Scheinheiligkeit.

Alles, was ich gesagt habe, ist ausgezeichnet durch das Wort vom Heiligen Geist, abgeleitet von seinem Werk und seiner Kraft, die er in uns bewirkt. Geist bedeutet Wind und Wehen, wobei diese Bezeichnung vielen Erscheinungen zukommt. Nicht selten wird unsere Seele Geist genannt, denn wie der Wind ist auch die Seele niemals in Ruhe, niemals ist sie nicht in Bewegung, immer wird sie irgendwohin getragen, immer hasst oder liebt sie.

Geist wird aber auch das genannt, wodurch unsere Seele bewegt wird. Dieser Geist ist nicht selten gut, manchmal aber auch schlecht und unrein. Da die Seele von beiden bewegt wird, verhält sie sich entsprechend. Und hier ist kein Raum für die freie Entscheidung des Willens, wo immer der Heilige Geist die Seele inspiriert. Er inspiriert so, dass er die menschliche Seele zur Liebe entflammt und zum Guten hinreißt. So kommt es dazu, dass es ihr unmöglich wird, das Gesetz nicht in Liebe zu umfangen. So ist alles in Bewegung zwischen dem neuen Oster- und Pfingstfest wie zwischen dem Pascha der Juden und dem alten Pentecostes.

Damit wir aber auch die Aussage des Evangeliums besser verstehen, wollen wir erneut jenes Wort hervorheben, das besagt: „Wenn jemand mich liebt ...“ und: „Mein Vater wird ihn lieben“. Kann man doch zweifeln, ob dies nicht eher sagen soll: Wenn mein Vater jemanden liebt, dann wird er auch meinen

Vater lieben. Steht doch fest, dass Gott uns Menschen als Erster geliebt hat. Auch fehlt es nicht an Autoren, die aus dieser und aus ähnlichen Stellen die Freiheit des Willens zu folgern versuchen.

Zwar wird zuerst in uns durch den Heiligen Geist die Liebe zu Gott entzündet, weshalb feststeht, dass Gott uns zuerst geliebt hat. Freilich ist dabei wahr, dass ich – wenngleich ich Gott schon liebe – noch keineswegs sicher bin, dass er selbst mich auch liebt. Es ist also notwendig, dass wir die sichere Verheißung haben, durch die bestärkt wir dann nicht mehr zweifeln, dass wir von Gott geliebt werden. Gott handelt also mit denen, die er liebt, so, dass sie über die Liebe Gottes zu ihnen offensichtlich nicht mehr anders zu urteilen vermögen. Und es gibt keine Kreatur, der dies anders erschiene. Deswegen ist es notwendig, dass er die Guten durch sein Wort erhält und ihnen gleichsam ein Zeichen gibt, damit sie – wenn sie daran festhalten – sicher seien, von Gott in Liebe umfangen zu werden. Ein solches Wort und ein solches Versprechen ist der Inhalt der Wendung: „Wer mich liebt, den wird auch mein Vater lieben." Dasselbe lautet bei den Propheten: „Bekehrt euch zu mir, und ich will mich zu euch hinwenden" (Sach 1,3). Es ist dies, als ob er sagte: Es steht bevor, dass ihr, wenn ich meine Liebe in euch gießen werde, zahlreiche Widerwärtigkeiten und Anfechtungen erleidet. Und all dies wird vor der Welt und euch selbst so erscheinen, als ob ich euch mit meinem Hass verfolgte. Wahrlich, ich warne euch im Vorhinein, damit ihr nicht von mir abfallt, und ich verspreche euch, dass ich euch dann am meisten liebe, wenn ihr unter Verfolgungen leiden werdet und wenn ihr die Schmerzen des Todes und der Unterwelt erfahrt. Ihr dürft meiner Liebe vor allem dann gewiss sein, wenn ich von euch dann und da geliebt werde, wo alles meiner Liebe zu euch zu widersprechen scheint.

So sind diese Verheißungen nichts anderes als die Lehre vom Glauben. Gott macht uns durch all das deutlich, dass er uns liebt. Und deswegen sagt er, er gehe zum Vater, damit der heilige Tröster-Geist herabsteige, uns zu ermahnen, uns alles zu lehren und die bedrückten Gewissen zu trösten etc.

WA 9, 461ff

Anhang

Wir sind Fremdlinge und Pilger

Über 1 Petrus 2,11ff – *Sonntag Jubilate 1544*

Es solt wol so sein, dass wir diese zeit inter ferias paschae et pentecostes predigten de resurrectione Christi, ut is articulus suum ius obtineret sicut Dominus ipse fecit. Christus ubi resurrexit a mortuis, istis 40 diebus praedicavit de resurrectione et regno Dei. Qui sic ordinavit, hat so gemacht. Wollens ein wenig lencken auff resurrectionem Domini. S. Petrus dicit: „Adhortor tanquam advenas" (1 Petr 2,11). Er rürt mit den worten „frembdling" et „pilgerin" resurrectionem Domini et dat nomen uns, quod simus geste und walbrüder, die durchreisen, nicht Landstreicher, sed qui nicht besessen sind, die nicht hie bleiben sollen, ut hospites noctu manent etc morgen ziehen sie davon. Sic vocat nos Christianos. Qui talis est, sol den namen annemen et scire se peregrinum etc. Das hat erworben Dominus noster Iesus Christus per resurrectionem, quia mortuus in cruce et affixit non solum peccatum, mortem, sed mundum et regnum mundanum, alles tod und mit ihm erwurget, ut mortui et crucifixi mundo et econtra, et peccato, et is fructus debet esse resurrectionis, ut mortui mundo in illo aeterno regno simus liberi principes, et se posuit primitias in hoc regno, et quotquot in eum credunt, dass sie ihr datum, trost, leben nicht hieher setzen, heben ihr hertz in jenes leben et incipiant iam cum eo regnare in jenem reich. „Consuscitavit" Eph 2,6. Da sitzen wir bereits nach dem Glauben und hoffnung. Oculi porcini (= unsere Schwiensaugen) non vident, et Sew pfoten non audiunt, sed oculi cordis habent lumen hic, quod dicit: Estis non cives hic, Domini, regenten, sed aliam sedem habetis, ubi vestra conversatio, in regno Dei, ubi Deus pater, Christus haeres, vos cohaeredes Christi. Non vocat incolas huius vitae, propter hanc non mortuus, imo non opus fuisset mori. Sed ideo mortuus, ut mundus nobis mortuus, et ut hic simus non ut cives, sed peregrini, geste. Verum est, sed quis credit, quis iactat se talem et glorietur se civem in altera vita? Vides, quomodo mundus scharret, kratzet, geitzet, steigert, ringet nach grosser gewalt, ehr, gut, freud, wollust, quasi tantum ideo natus, ut ista quaereret caduca. Prima nativitas affert istam porcinam vitam. Sed non tantum natus a parentibus in das vergengliche leben, sed etiam ab alia matre et patre natus, Christo et Ecclesia, quae est Christi sponsa. Ibi renati per Euangelium, Baptismum in aliam vitam, conversationem, Stad, regnum, Da man nicht esse, trincke, schwitze etc, sed das langwiriger, sol ewig weren, sine egestione, foetore. Ad hoc nati a Christo et Ecclesia, et Christus emeruit sua morte et leta resurrectione, ut praedicatur in Euangelio. Ideo vocat Petrus, Paulus „frembdling", pawet, wonet drauff ut Gast. Istum titulum discamus et cogitemus, cur ita appellemur, quod Christus mundum, mortem etc ans Creutz mit sich gehefft, et dominus stirbt, ut nos per suam et nostram spiritualiter collocemur in suum regnum, ut cum illo regnemus Eph 2,6. Hic tangit usum resurrectionis suae brevibus verbis. Vide nunc, an sis porcus vel Christianus. Porcus reucht das lieblich ding auff der gassen. Nos gemere et suspirare debebamus, ut veniremus ad patriam et regnum, ad quod renati, ut illud tandem assequemur, ut etiam tangere liceret, ut nunc audimus et fide fassen. Video oculis, dass ich mus essen, trincken, schlaffen, wachen, haushalten, land, leute regieren,

Ackerbawen. Haec prima nativitas a parentibus. Sed Christianis sols sein die geringsten gedancken, die heubtgedancken sollen oben schweben, et dico: zur not mus ich das wol thun, oportet habere essen, trincken, itzt oportet coli agrum. Es sol aber nicht fleischliche lust sein, sed sol weiter dencken, ut totus mundus utitur hoc modo non pro necessitate, sed kratzet etc suchen tantum ihr lust in corporalibus rebus. Das ist ein fleischlich lust und die Seel verhindert, ut non faciat et cogitet, quid Christus et salus. Sed hette ich nur das das. Es sol sein der zerpfennig, den der Gast in der herberg haben muss etc. Thu dich auff, Beutelein, wiltu bey den leuten sein. Et tamen nihil hic proprii, est hospes. Das ist ein nötiger pfennig. Non hat willen in hospitio ducere uxorem, vihe ziehen etc. Sed wil sein nottdurfft haben pro corpore. Sed der obergedanck talis sit: Mein acker, wiesen, Taler, Weib, kind, das ist der zerpfennig in hospitio. Das ist der recht schatz, ut istae cogitationes von zerpfennig sind gedancken der not, nicht der lust. Das ist irdisch, dicit Petrus. Sed quod irdischer Gast und himlischer Bürger per resurrectionem Christi erworben et baptismum geboren. Ideo cogita te Christianum und nim dich mehr an, wie du kompst zum ewigen himlischer burgerschafft quam his. Sed haec amittimus. Gehen jar und tag hin nullam cogitationem etc geben das hertz hin in weltliche lust, guter, et tamen videmus eos, qui habent dahin sterben non cogitantes, quid baptismus, ad quid renati, et quomodo Deus nos vocet, scilicet cives coelestes, in terris Geste, pilgerim und Frembdling. In coelo aeternum selig, hic in der herberg, ut ita utamur bonis ut eines zerpfennigs, et oramus quotidie: ‚Adveniat regnum tuum' … Wenn wir heim faren, wir sind hie im elenden, in der elenden herberg, heim faren in das Vaterland, sollen wir immer dencken. Sic in „pater noster“ … Ibi habemus erbe. Ah Herr, dass dein name. O lass uns doch heimfaren, zu dir, komen aus diesem elend. Sic clamat „pater noster“. Ita enim debent Christiani de herberg. „Da panem quotidianum hodie“, non plus, nur den teglichen pfennig, das ein Christlich, menschlich hertz sic cogitet: Hic in exilio. Da mihi zerpfennig, ut nemini iniuriam, ut veniam fluchs in patriam, ubi cives et Dominus. Merito iste resurrectionis articulus debet tractari.

Das wort „Reich“ aber wolt auffrhürisch lauten, ut etiam gedeutet ward Acto 16,17 (Apg 16,20f; 17,5). Die verrheter Iudaei verklagten gegen den heiden. Huc venerunt Iudaei, qui conturbant civitatem et dicunt de alio rege … Das theten die verzweiffelten Jüden, hetzten die Heiden contra Apostolos, ut solten zeter schreien uber ihren hals, quod invertere Regnum Romanum. Sic Anabaptistae fecerunt, qui fecerunt regnum, grieffen zum schwerd. Hanc culpam legten sie uns auch gern auff adversarii. Papa hat nach dem schwerd gegriffen tanquam seditiosus und hat etiam Reges, principes ernidert. Ideo non est, quod carnales Christiani volunt etiam weltlich reich haben ut Turca, Iudaei, papa, Anabaptistae, greiffen alle nach dem schwerd, quod non eis commissum. Sic etiam nobis wolten gern den namen an hals hengen. Non facimus, sed iactare possemus, quod weltlich regnum nie so geschmückt und geziert sey quam per nostrum Euangelium. Antea non auditum, das man so schon vom weltlichen regiment predigen sol … Ideo sciunt se mentiri, quod arguunt … Weil nu dem Teufel wird ursach geben mit dem wort, quod irr machen und predigen novum regnum, sicut etiam accusant coram Pilato: hat das volck erregt, und unter eim auffrhurerischen Titel sterben. Pilatus dicit: Es Rex Iudaeorum? Non est de hoc mundo. Pilatus haec audiens: „Non invenio“, sicut eum accusatis. Sed noch must er den namen tragen, seditiosi, quanquam docuerat: „Reddite Caesari“. Ideo scripsit hoc, ut Christiani deste feiner künden verantworten. Non richten auffrhur, non quaerimus regnum, sumus peregrini, pilgerin, geste in hoc mundo. Ubi hoc audiverunt gentiles, waren sie zufrieden. Non hic sumus, ut eiiciamus vos, sed confirmamus vestrum regnum i.e. non est konig, fursten, herr, hirten, knecht in hac vita. „Ego veni, ut de veritate.“ Pilatus: „Quid est veritas?“ (Joh 18,37) Da wirst du nichts mit ausrichten. Mundus non curat. Qui vult esse Rex unter Leusen, Flohen sic, istos habemus pro stultis, quod de alio regno praedicarunt. So that Muntzer nicht, nec Rex zu Münster, furet ein Schwerd. Das ist ein ander ding, und wolten uns solchs schuld geben. Cum ergo Euangelium furet den namen Konigreich, sumit Diabolus et mundus occasionem et schilt sie seditiosos. In Ecclesiastica historia: rumor venit in mundum totum, quod regnum futurum de semine Iuda et venturum regem per orbem, ostendebant manus, quae rigebant labore nimio. Ubi audivit Caesar: Sinite, sunt stulti. Cum audirent ergo de regno per totum orbem et regem, intelligebant de mundano etc. Hoc regnum in terris sit hospitium und solt ewern pfennig drin verzeren ut peregrini, ut nulla in vobis sit occasio seditionis, sed praedicate ut peregrini, et dicite: nihil curamus vestrum regnum, quia habemus melius regnum … „Subditi omni Creaturae“ (1 Petr 2,13). Sind schone predigt, utile, ut diligenter observemus. Man sol potestatem regiam nicht irr machen, nec seditionem, man sol wol dazu persequutionem ut tum, et sollen stellen ut peregrini, qui cogitant in aliud regnum. Es ist itzt umb weltlich regiment ein arm ding: si opus unquam, ut pro eo oretur, certe nunc. Timeo, ehe 10 jar hingehen, werden gar kein regiment (mehr) haben. Es ist ein kostlich ampt. Sed ubi sunt isti, qui hic commemorantur? „Ad laudem“ (1 Petr 2,14). Offitium laudat, non personas, vocat menschlich ordnung, die ist dazu gestifft, et est Dei voluntas, der wils so, ad quid? ad vindictam. Sic Rom 13,1: Nos habemus, laus Deo, mehr gehorsam zur oberkeit quam schutz und straff von der oberkeit. Viel wollen regieren an libris iureconsultorum vel gut recht, sed mehr misbrauch. Ubi Regenten konnen die fromen zwingen etc, ut falsche Juristen dempffen gute. Sic Regenten iam. Machen der emptlin viel, ut die leute gezwingen etc. Isti secundum proverbium hinkomen: Es ist kein Emptlin so klein, es ist hengens werd, et persequitur Euangelium et ministros. Potestas ist hie hoch gelobt. Sed ubi personas etc Der wil Schreiber, Schösser werden etc quare quaerunt? ut bauch erneeren, ut leute schinden und reich werden. Das danck ihnen der Teuffel. Non quaerunt, ut helffen die welt regieren, da ligt ihnen nicht an, item die fromen schutzen etc. Sed ut habeant potestatem die leute zu plagen und schinden und dem Fursten, herrn abstelen. Et hoc nimpt seer zu. Wir haben schier zehnerley regiment, trucken helffen sie wol, sed schutzen? ... Was wil daraus werden? In 10 annis wird man lauter schinder haben. Ego letus canam canticum de extremo die ...

Es weren noch zwei starcke predigt de corporali potestate. ne faciamus ein schanddeckel ex Christiana libertate. Hoc queritur Petrus hic et Paulus Galat. 5,13: Ich sehe mit hertzleid, quomodo abutuntur libertate Christiana und treiben allen mutwillen mit dem Euangelio, mus ihnen alles dienen ad eorum iuditium. Qui sordet, sordescat ...

WA 49, 390ff

Zusammenfassung

Es wäre gut, wenn wir in der Zeit zwischen Ostern und Pfingsten wie der Herr selbst über seine und unsere Auferstehung von den Toten predigten und nachdächten. St. Petrus gibt uns 1 Petr 2,11 das rechte Stichwort, wenn er uns als „Fremdlinge" und „Pilger" ermahnt und uns so treffend beim Namen nennt. Denn nach seiner Auferstehung und im Blick auf seine Himmelfahrt sind wir auf Erden „Gäste und Wallbrüder, die durchreisen, nicht Landstreicher", die in der Welt keine Heimat, aber auch kein Ziel jenseits der Welt haben. Durch Christi Tod sind wir zwar von Sünde und Tod befreit; gleichzeitig aber sind wir durch ihn „der Welt gekreuzigt" und leben hier wie auf Abbruch. Zwar sind wir nach Eph 2,6 schon mit Christus grundsätzlich auferweckt. Aber wir sitzen nur im Glauben und in der Hoffnung schon jetzt in dem uns verheißenen „Reich", von dem unsere „Schweinsaugen" nichts sehen, und das wir mit unseren „Saupfoten" nicht berühren können. Luther beschreibt kräftig die kreuzigende Spannung, der wir durch den Widerspruch zwischen der „ersten Geburt" zu diesem „Schweineleben" und der „zweiten Geburt" durch Evangelium und Taufe zum ewigen Leben mit Christus ausgesetzt sind. Bei aller Schärfe der Gegenüberstellung vergisst er jedoch nicht die Bedürfnisse, die selbst ein Pilger in dieser Welt empfindet, und die nach Erfüllung verlangen, soll er den Anforderungen der Pilgerschaft gewachsen sein. Braucht doch auch der „Gast" in dieser Welt einen „Zehrpfennig", um die Kosten der Herberge zu zahlen. – Im zweiten Punkt behandelt Luther sodann in diesem Zusammenhang die Problematik des Wortes „Reich". Denn einmal fühlen die Menschen dieser Welt ihr

Reich bedroht, wo sich die Christen auf das „Reich der Himmel" berufen. Zum anderen aber geraten die Christen selbst leicht in die Versuchung, wie Th. Müntzer und seine Bauern oder wie der Papst das uns verheißene Reich schon jetzt „mit dem Schwert" aufzurichten.

Was die kleine Erbse uns über die Auferstehung sagt

Über 1 Korinther 15,35 – *Sonntag Cantate 1545*

S. Paulus contionatur hic de resurrectione mortuorum, ut merito is articulus tractatur. Darauff stehet er, dringt und treibt, quod Christus non mortuus nec resurrexit pro sua persona, sed pro nobis mortuus et resurrexit. Et dringt darauff: Si Christus mortuus, et nos mortui. Si resurrexit, et nos, per fidem im Geist. „Christ ist erstanden". Das sol dran hängen: „Des söllen wir alle" etc quia resurrectio eius nostrum solatium ... „Christ wil unser Trost sein". Das ist das ende vom Lied. Ista resurrectio, quam operatur in Christo, gilt omnibus credentibus in eum. Eos omnes vult e sepulchris educere etc. Besser ists geschrieben quam ego etc. Resurrexit ab omnibus passionibus, sed eius resurrectio est nostra salus. Laetemur ergo: est nostrum gaudium, solatium, quod cum eo ex morte in fide, (ex)potestate Diaboli et mundi. Iam non curo peccatum, Satanam, mundum. Si non vis lachen, magstu zürnen. Istam fidutiam habemus in corde, quod non curamus nec timemus papam, Turcam etc. Quia credo me resurrexisse secundum animam. Restat, ut verfaule et zu erde, ex qua etc. Das sol nicht lang werden. Hoc praedicamus, quod vivificatus pro nobis. Iam fide, et post ex terra suscitandi. Da gründet sich S. Paulus auff. Sic nos. Sic intelligendus articulus de resurrectione in Symbolo ... Ego praedicabo, laudabo, canam Christum et ... hinc, quod credo in Christum mortuum, qui resurrexit pro me iam in spiritu et fide et die illo secundum corpus. Surreximus et ascendimus cum Christo Eph 2,5f. Item Hoseae (Hos 13,14). Quia non pro sua persona, quia innocens conceptus sine peccato, non habet vim peccatum, mors a momento conceptionis. Quare moritur et resurgit propter nos und reisset omnes secum ex peccato, morte. So weit haben wir bracht nostram resurrectionem. Inde cantamus: „Des sollen wir alle …". Et ista praedicatio gieng fein zu Corintho. Sed Diabolus non quiescit. Ubi Paulus vertit dorsum, venerunt pseudoapostoli invertentes praedicationem. Fuerunt discipuli Hannae, Caiphae. In Actis Lucas (Apg 17,22), quod tales porci, qui non crediderunt resurrectionem mortuorum, gaben vor: fuerunt apud nos 7 fratres. (cf. Lk 20,29ff) Cuius uxor erit? Meineten, sie hettens wol getroffen, quam incongruens res, quod una mulier habeat 7 (viros). „Du Narr", Nihil intelligis. Dominus schlegts auff die schnautzen. Germanice: Ir seid grobe Esel. Non habebimus coniuges, sed erit vita spiritualis: corpus non edet, sed vivemus in clara visione Dei. Sic solutum est argumentum … *(Luther verweist kurz auf die Umtriebe der Sadduzäer-Schüler und ihre provozierend dummen Fragen, mit denen sie nach 1 Kor 15,25 den Auferstehungsglauben der Korinther zu verunsichern suchen):* Quale corpus? Num ducent uxores, num sugent infantes? Wo wil der himel raum geben? ubi frumentum, lac? Das ist Hannas, Caiphas et papae fides. Sic enim loquuntur: Num una mulier etc … „Meinestu, dass ein Kerl im andern steckt?" Cur creditis Paulo praedicari resurrectionem mortuorum? Gehet in rationem vestram. Si omnes resurgent, wo soll man essen, trincken nemen? Ibi dicunt: Wie klug du bist? „Du Narr", inquit Paulus, Si Christus non resurrexit, nec nos. Si ipse, certe et nos, quia non pro se, sed pro nobis, die wir sollen frolich sein: „Christ will unser trost sein", quod cum eo resurreximus iam fide. Nollem Christi nomen audire, si eius resurrectio tam infrugifera ... (*L. würgt alle scheinbar so vernünftigen und bedrängenden Fragen ab, indem er mit Paulus 1 Kor 15,36 auf das Bild von Samen und Saat verweist*): Paulus vult dicere: Gehe hin auff den acker vel hortum. Da sihe dem Bawer et servo zu, Dominae, famulae. Ibi nemen erbeis (Erbsen), steckens in den acker und scharrens zu. Num prudens vir? qui prius non vidisset, diceret: An non frustra? Cur non edis vel das porcis? Was sols hie verfaulen? Da wird kein fraw so toll sein, quae non rideat huius stulti, quia habet hanc cogitationem: Die erbeis, die ich dahin stecke. Horestu, weiser Narr? Non facio, ut hic maneat erbeis, quanquam manet et verweset. Sed revertere post 10 septimanas, Da soltu etc. Ey du leugest, wie kan das sein, quia erbeis verfaulet? Ey du bist Bapst, Cardinal. Mulier habet ex experientia, ist vor mehr dabey gewesen ab initio mundi, et non dubium, quod verfaulet, sed herfür wachsen ein stengel ex terra etc. Si im sack vel boden ligen, nihil, vel quia in terra iacitur und scharret zu, post non cogitandum de pisis, et sine cogitatione eius gehet erfür ein stengel. Sic faciunt rustici cum omnibus seminibus, quia umb pfingsten sols anders sehen, seminat, arat, abscondit. Helfft, dass ich nicht so darff verfaulen. Agricola non sic cogitat, sed post X septimanas sollen schotten stengel etc ... Si hoc potest Deus facere quotidie. Nemo so tol und töricht, ut absconderet frumentum in terram, si haberet hanc cogitationem: Es ist verlorn, Sed domi retineret et uteretur. Sic Deus facit cum sementibus, quae vorantur, und macht quotannis seminibus ein schönen leib, wie er wil, Et stehet so lustig. Ibi vides, quod Deus istis coecis hominibus pingit exemplum fortissimum resurrectionis mortuorum. Ex korn fit ein grosser, dicker eichenbaum, facis tua manu. Vides, tangis 5 sensibus. Si manet in sacco, nihil fit. Ex horto tuo debes discere articulum resurrectionis mortuorum, si non esset in Biblia. Quilibet hortus est Dei liber, ex quo videri potest miraculum, quod Deus quotidie operatur. Certe ibi debes dicere, quam mirabilis Deus, coniicio pisa, post 8 etc. Adauge, o Deus, fidem. Omnia renovantur quotannis ex mortuis. Pisum verfaulet und verweset. Agricola et Domina sol lust und freude haben, quod legit in horto mera exempla resurrectionis mortuorum. Sic quodlibet granum nobiscum loquitur, ut credamus resurrectionem mortuorum futuram. Quis facit? Non tantum opus, sed Dei. Nihil facis, quam quod mittis semen in terram, non facis tuo labore ein stengel, nihil est colonus, de semine, fabis, pisis scio, quod verfaulen ... Deus operatur. Tu edis, dormis. Deus lesst regen, Regen macht feucht und weich. Die Sonn erhebts mit ihrer hitze. Hoc vides, tantum sepelis grana, Bist ein todengreber, Gartmann, fraw, bescharrest grana, hengst tuch an hals, post nihil facis, dormis. Interim Deus operatur per pluviam et Solem, et excitat ex grano in terram iacto ein halm. An non debes credere Deum etiam tecum sic agere? Sihe auff den Acker, Garten, quam mirabile opus hic fiat per Deum. In terra verfaulets, wenn mans auffgrebt, non est granum. Sic nobiscum erit. Got gibt dir ein buch fur. Omnia grana et semina sunt tui contionatores: hast mich ante 6 menses verschorren und begraben, Iam stehe stengel vivus. Sic Deus nobiscum loquitur per omnes Creaturas, Arbores, Herbas. Ex nucleo fit maximus arbor. Hoc vides, audis et facis tuis manibus, et tamen tam impius, ut Dei verbo non credas. Ego mitto filium, qui sol sterben et sepeliri, nisi quod habet vorteil in scriptura (Ps 16,10): „ne videat corruptionem“. Nos omnes verfaulen, werden zu erden. Awe da wird nichts mehr draus. Non, – es Dei granum, kirschkern und Eichel, quia Deus non misit filium mori et resurgere (pro se), (sed) ut resurrectio eius sit nostrum solatium, salus.

Paulus vocat: „Seminatur incorruptibile“ (1 Kor 15,42), verweset erbeis, tamen wird schoner. Sic nos weiset in hortum et agrum neben dem verbo, quod promittit resurrectionem mortuorum. Hoc operabitur in die extremo, quod quotannis per totum mundum. Quisque consideret hoc opus und lass dir das erbeissichen (= Erbschen) predigen: Christus pro te mortuus. Sic tecum aget Deus ut matrona mecum. Oportet te in die Erde stecken. Ja, ich mus verwesen. Sic nobiscum loquitur nova lingua: qui effertur mortuus, sol nicht heissen: es ist verlorn. Da nimm zu zeugen alle garten, ecker, beume. Omnes dicunt: Ich bin verwesen, verschorren, sed cum fructu. Sic sol mit uns werden, da wir heißen gepflanzt, geseet. Et merito debet dici: non sepelire, sed seminare, plantare. Nulla matrona dicit: sepelivi, sed wil pflantzen, seen. Sic rusticus: non sepelio korn, sed pflantze, see, ut sol auffgehen post aliquot septimanas. Es mus wol verwesen. Ut ergo Gartenfraw gewis, sic nos. Alioquin, mustus nicht geseet, gepflanzt. Unser kirchhoff non est sepultura, sed ut patres Dei agrum, agrum Domini, agricultura Domini. Non est opus rustici nec Dominae hortus, sed Dei. Darum hat er sein erbeisen geseet. Ibi ipse colonus, Agricola, qui des Garten pflegt. Homo effertur. Da tregt man unsers Herr Gots erbeisen hin in seinen Acker, Garten, ut resurgat, quia Dei pisum est. Deus longe certiores cogitationes quam rusticus, qui certo novit post 10 hebdomades. Ideo seminat, occat, mittit horreum, non ut pereat, sed ut metat. Sic Matrona etc. Multomagis Deus habet has cogitationes nobiscum, qui sumus eius bonen etc und kirchhoff est Gottes Acker, ubi seine Mören, Zwiebel geseet, einer so, so et varia resurrectio et tamen omnes resurgent. Hat sie 10 kinder gehabt, wird mans sehen an ihrem leib.

Sed Dei ager, nec kan lebendig werden, nisi prius redigamur etc. Coloni sunt todengreber, sed non machens lebendig. Sic nos homines bescharren und lassen mich ligen, non cogitant de me resurgendo. Sed Deus est meus Agricola, qui dicit: Ich wil ein solchen regen und Sonneschein, ut resurgas. Omnes Creaturae schreien uber unsern hals: Crede, Crede, ne dubita. Certo excitaberis, et tamen sumus taub. Hannas und Caiphas sunt stulti. Si non videremus, non mirum. In hyeme holtz in arboribus ist tod, In vere bricht eraus ein eugelin, post pyrum. Sic praedicant omnes Creaturae: resurges ex mortuis. An non igitur crederes te resuscitandum ex terra? et dedit pignus filium, qui non pro se, sed pro te. Est vis resurrectionis, et canimus: „Des sollen (wir alle froh sein)“. Omnes Creaturae contionantur. Vides, quam infoelices sint Epicurei, qui habent verbum et non intelligunt ut Hannas, Caiphas. Das sein Sew, Esel. Certe promittit resurrectionem propter filii mortem et dat testes omnes Creaturas, quae singen, springen.

‚Mit welcherlei leib‘ (1 Kor 15,35)? Frag die Magd drumb im garten. Lassen mich die erbeis stecken. Ey sie wird ersticken? Lass gehen. Pisum soll einwurtzeln, unter sich stossen und stengel uber sich. Sic nos seminamur, gepflanzt etc. Non habebo hoc corpus, quod essen, trincken, hosen, hemd, kue. Sed in aere so leicht et Deum laudabit in aeternum, ut etiam Stellae, Luna testes resurrectionis, Coelum et terra. Wer das nicht wil gleuben, der mags lassen. Quilibet homo in horto legit librum de resurrectione et testem et pignus resurrectionis. Der stengel sihet viel anders aus denn der same. Hoc dicit Creator per Creaturas et per filium. Scripta resurrectio in quolibet granulo. Qui non vult fidem confirmare et Deum laudare, abeat quo debet.

WA 49, 723ff

Zusammenfassung

Paulus predigt 1 Kor 15,35 eindringlich über Christi und unsere Auferstehung von den Toten. Denn Christus ist nicht für seine Person, sondern für uns gestorben und auferstanden. Daraus folgt, dass wir mit ihm gestorben und auferstanden sind. Also singen wir: „Christ ist erstanden", „Christ will unser Trost sein" – das ist für Luther „das Ende vom Lied". Die in Christus bewirkte Auferstehung gilt für alle, die an ihn glauben. Der Seele nach im Glauben jetzt schon auferstanden, bleibt nur noch, dass wir dem Leibe nach sterben, begraben werden und auferstehen, was nicht lange mehr auf sich warten lässt. Dazu bekennen wir uns im Glaubensbekenntnis – dies bekennen wir mit der Schrift (Eph 2,5f; Hos 13,14).

Paulus predigte den Auferstehungsglauben der Gemeinde von Korinth. Aber der Apostel hatte die Gemeinde kaum verlassen, da kam der Teufel und verwirrte den Glauben an die Auferstehung durch die Schüler der Sadduzäer (vgl. Apg 17,22). Die Gegner argumentierten mit dem Beispiel jener Frau, die auf Erden sieben Männer gehabt hatte (vgl. Lk 20,29ff). Wessen Weib würde sie im Jenseits sein?

Andere kluge Fragen lauteten so: Mit welchem Leib werden wir auferstehen? Wo werden die Frauen im Jenseits die Milch her nehmen, um die Kinder zu stillen? Wenn alle auferstehen, wird dann der Himmel groß genug sein? Luther würgt all diese klugen und doch so dummen Fragen ab, indem er mit Paulus (1 Kor 15,36) auf das Bild von der Saat verweist: Geht hinaus auf den Acker oder in den Garten, um dem Bauer oder seiner Frau bei der Saat zuzuschauen. Da nimmt die Hausfrau im Frühjahr Erbsen (= Erbeis) und steckt sie in das Gartenbeet. Der unerfahrene Zuschauer hält die Bauern für dumm und sich selbst für klug: Warum verscharren sie die Erbsen in der Erde, wo sie verfaulen? Warum geben sie die Erbsen nicht gleich den Schweinen? Käme der Beobachter nach zehn Wochen wieder, würde er gewiss solch dumme Fragen nicht stellen.

So wird die Saat zum mächtigen Beispiel für die Auferstehung von den Toten. Aus dem armseligen Korn, das in der Erde verfault, wird ein riesiger Eichbaum! Stünde es nicht in der Bibel, dann würde der Garten als Buch Gottes die Auferstehung verkünden! Das Wunder geschieht dabei zu unserem Trost und zu unserer Freude. Wir tun dabei nicht viel: Wir stecken nur das Korn in die Erde, dann gehen wir schlafen, während Gott den Rest besorgt. Die Erbse stirbt und verwest; aber sie ersteht schöner, als sie vorher war. Die kleine Erbse soll uns predigen von der Auferstehung Christi: Denn was die Bauersfrau mit der Erbse tut, das tut Gott mit uns. Der Kirchhof ist darum nicht Begräbnisstätte, sondern Gottes-Acker! Wir werden gesät wie „seine Bohnen", „seine Erbsen, Möhren und Zwiebel", und wir erstehen in der Fülle der Verschiedenheit zum ewigen Leben. „Im Winter ist das Holz der Bäume tot. Im Frühjahr aber bricht ein Äuglein heraus und dann folgt bald die Birne."

So sollen wir also über die Macht der Auferstehung singen: „Christ ist erstanden ... Des sollen wir alle froh sein." „Der Stengel sieht ganz anders aus als der Same ... Wer nicht den Glauben bestätigen und Gott loben will, der gehe hin, wohin er gehört."